C·H·Beck
PAPERBACK

Jörn Leonhard

Über Kriege und wie man sie beendet

Zehn Thesen

C.H.Beck

2. Auflage. 2024

3. Auflage. 2025

Originalausgabe

Wilhelmstraße 9, 80801 München, info@beck.de

www.chbeck.de
Umschlaggestaltung: Konstanze Berner, München
Satz: C.H.Beck.Media.Solutions, Nördlingen
Druck und Bindung: Pustet, Regensburg
Printed in Germany
ISBN 978 3 406 80898 2

verantwortungsbewusst produziert
www.chbeck.de/nachhaltig
produktsicherheit.beck.de

Inhalt

Einleitung

Für Onoda Hirō endete der Zweite Weltkrieg erst im März 1974, 28 Jahre und sechs Monate nach der bedingungslosen Kapitulation Japans, die Vertreter der Kaiserlichen Regierung am Vormittag des 2. September 1945 auf dem Deck des amerikanischen Kriegsschiffs USS Missouri in der Sagami-Bucht bei Tokio vollzogen hatten. Geboren 1922, hatte Onoda als Leutnant in den japanischen Streitkräften gedient und war 1945 auf der philippinischen Insel Lubang stationiert gewesen. Bei der Eroberung der Insel durch amerikanische Truppen im Februar 1945 starb der Großteil der japanischen Soldaten bei den Kämpfen oder wurde gefangen genommen. Onoda und drei seiner Kameraden jedoch gelang die Flucht in den Dschungel. Dort entdeckten sie in den kommenden Monaten zwar Flugblätter, auf denen japanische Kommandeure über die Kapitulation Japans berichteten und die verbliebenen Soldaten in ihren Verstecken aufforderten, sich zu ergeben. Doch Onoda und seine Kameraden hielten die Flugblätter für amerikanische Propaganda, um den Durchhaltewillen der japanischen Soldaten zu brechen. Als sich einer der vier Soldaten von der Gruppe entfernte und ergab, drangen zum ersten Mal Nachrichten über das Schicksal der versteckten Soldaten in die japanische Öffentlichkeit.[1]

In den folgenden Jahren warf man über ihrem vermuteten Aufenthaltsgebiet immer wieder Flugblätter, persönliche Nachrichten und Bilder ihrer Angehörigen ab, die ihre Verwandten aufforderten, sich den Amerikanern zu ergeben. 1954 erschoss ein Suchtrupp bei einem Gefecht einen der drei verbliebenen Soldaten. Ein weiterer kam 1972 ums Leben, als er zusammen mit Onoda in einer Guerillaaktion die Reisvorräte lokaler Bauern verbrannte. Nunmehr völlig auf sich allein gestellt, gab sich Onoda im Februar 1974 dem japanischen Studenten Suzuki Norio zu erkennen, der vom Schicksal des letzten japanischen Soldaten gehört hatte und daraufhin nach Lubang aufgebrochen war, um ihn zu suchen. Doch selbst jetzt schien es für Onoda unvorstellbar, sich ohne den Befehl eines Vorgesetzten zu ergeben. Nachdem Suzuki mit Beweisfotos nach Japan zurückgereist war und die Behörden informiert hatte, gelang es, Onodas ehemaligen vorgesetzten Offizier ausfindig zu machen. Erst als Major Taniguchi schließlich nach Lubang reiste, um seinem ehemaligen Untergebenen persönlich die Kapitulation Japans zu bestätigen, ergab sich Onoda im März 1974. Zu diesem Zeitpunkt verfügte er noch immer über sein Gewehr, rund 500 Schuss Munition und mehrere Handgranaten. Und noch immer trug er Teile seiner ursprünglichen Uniform, zu der auch das Gunto-Schwert gehörte. Es galt als wichtigstes Symbol seines Status als kaiserlicher Offizier und lehnte sich an die Kantana-Schwerter japanischer Samurai an. Ganz bewusst hatte die japanische Militärführung während des Zweiten Weltkrieges mit diesem Symbol den Bezug zum Ehrenkodex der Samurai und den Prinzipien des «Bushido» hergestellt.[2]

Obwohl Onoda und seine Kameraden zwischen 1945 und 1974 in ihren Guerillaaktionen und in Gefechten mit lokalen Bauern und Fischern über 30 Menschen getötet oder verletzt hatten, begnadigte ihn der philippinische Präsident Ferdinand Marcos. Nach Japan zurückgekehrt und bald als Kriegsheld verehrt, verfasste Onoda eine vielbeachtete Autobiographie, in der er versuchte zu erklären, was ihn angetrieben hatte.[3] Er verwies vor allem auf die jahrelange Propaganda des japanischen Kriegsstaates, die eine Kapitulation von Offizieren unmöglich gemacht habe: «Als ich 1944 auf den Philippinen ankam, lief der Krieg für Japan schlecht, und zu Hause war das Wort ‹Hundert Millionen Seelen sterben für die Ehre› auf jedermanns Lippen. Dieses Wort bedeutete, dass die japanische Bevölkerung wie ein Mann sterben würde, statt zu kapitulieren. Ich nahm das wörtlich und glaubte, dass viele junge Japaner meines Alters es ebenfalls wörtlich nahmen. Ich glaubte wirklich daran, dass Japan nicht aufgeben würde, solange noch ein Japaner am Leben war.»[4] Das erklärte auch Onodas Reaktion auf die japanisch sprechenden Suchkommandos, die er und seine Kameraden für eine bewusste Täuschung des amerikanischen Gegners hielten. Denn hätte Japan den Krieg tatsächlich verloren, könnten – so die Vorstellung der geflohenen Soldaten – überhaupt keine Japaner mehr am Leben sein. Es war ein Denken, das die Kapitulation praktisch ausschloss.[5]

Onodas Schicksal mochte ein extremer Sonderfall sein, aber es verweist auf ein Grundproblem der Geschichte: Wie beendet man einen Krieg? Alle Kriege enden irgendwann, aber jeder Krieg hat sein ganz eigenes Ende – für Staaten und Gesellschaften, für Politiker, Diplomaten und Militärs, für den einzelnen Soldaten. Auf den ersten Blick scheint es viel leichter, den Beginn gewaltsamer Konflikte zu definieren als ihr Ende. Menschen assoziieren mit Kriegsanfängen fast immer dramatische, jedenfalls suggestive Anlässe, die historische Orientierung zu geben scheinen: den Prager Fenstersturz im Mai 1618 als Beginn des Dreißigjährigen Krieges, den ohne Kriegserklärung erfolgten Einfall preußischer Truppen in Sachsen 1756, der den Siebenjährigen Krieg einläutete, den Beschuss von Fort Sumter durch Truppen der amerikanischen Südstaaten zu Beginn des Amerikanischen Bürgerkrieges im April 1861, das Attentat von Sarajewo im Juni 1914, den Beschuss der Westerplatte in Danzig durch ein deutsches Schlachtschiff im September 1939 – oder den Einmarsch russischer Truppen in die Ukraine am 24. Februar 2022. Doch diese scheinbar eindeutigen Ereignisse sagen wenig aus über die langfristigen Ursachen, über Vorgeschichten, Eskalationsstufen und «points of no return». Nicht selten entfalten Kriegsanfänge auch erst aus dem Rückblick ihre mythische Qualität für Gesellschaften: Die Vorstellung einer euphorisierenden Kriegsbegeisterung, die im August 1914 partei- und klassenübergreifend ganze Gesellschaften erfasst habe, war in dieser Zuspitzung zweifellos ein Zerrbild, denn in vielen Teilen Europas demonstrierten Industriearbeiter und Gewerkschaften noch bis kurz vor Beginn der Kämpfe gegen den Krieg. Doch dieses nach 1918 im Gefühlshaushalt gerade vieler Deutscher fest verankerte «Augusterlebnis» markierte für viele Zeitgenossen ein kollektives Initialerlebnis, das umso heller leuchtete, je dunkler die Gegenwart seit 1918 erschien.[6]

Wenn schon dieser Blick auf Anfänge und Anlässe zeigt, wie leicht sich scheinbare Eindeutigkeiten in der historischen Betrachtung auflösen, dann gilt das noch viel mehr für das Ende von Kriegen. Die meisten historischen Wege in den Frieden waren verschlungen, sie wurden immer wieder verzögert und unterbrochen. Je länger ein Krieg dauerte, je mehr Opfer er über Monate und Jahre anhäufte, desto unübersichtlicher und widersprüchlicher verliefen sie. Wann und wie ein Krieg endet, dieser Prozess lässt sich jedenfalls nicht auf den Moment beschränken, in dem Sieger und Besiegte einen Waffenstillstand oder einen Friedensvertrag unterzeichnen. Dahinter stehen vielmehr meist komplizierte Verläufe: von einer ersten Waffenruhe über einen stabilen Waffenstillstand, einen Vorfrieden bis zu einer internationalen Friedenskonferenz und einem schließlich ratifizierten Friedensvertrag. Aber endet ein Krieg damit? Oder kündigt sich das Ende mit der aus Verlusten und Opfern gewonnenen Einsicht in die gegenseitige Erschöpfung von Ressourcen an, aus der schließlich eine rationale Einsicht in die Notwendigkeit des Friedens folgt und sich ein Fenster für die Diplomatie öffnet? Entsteht Frieden nicht erst mit einem vielleicht erst nach Jahren und Jahrzehnten wieder belastbaren Vertrauen und einer verlässlichen Kommunikation zwischen ehemaligen Gegnern? Gibt es stabilen Frieden ohne die Aussöhnung zwischen Individuen, Familien, Gemeinschaften, die Anerkennung von Opfern und Verbrechen, von Schuld und Schulden zwischen ganzen Gesellschaften? Ab wann weiß man verlässlich, ob ein Vertrag mit Unterschriften wirklich Frieden schafft, oder ob es sich lediglich um einen temporären Waffenstillstand handelt, eine taktische Atempause, um neue Ressourcen zu mobilisieren und den Krieg dann umso entschiedener fortzuführen?[7]

Ein erstes Zeichen zur Friedensbereitschaft auszusenden, erwies sich oft als besonders schwierig. Denn Friedenssondierungen unterliegen einer komplexen Psychologie. Die Erschöpfung der eigenen Ressourcen mochte ein Ende des Krieges nahelegen, aber der Gegner konnte in einem solchen Schritt genau jene Schwäche erkennen, die aus seiner Sicht für eine Fortsetzung des Krieges sprach. Jedes Signal in Richtung einer größeren Konzessionsbereitschaft ließ sich auch so interpretieren, dass der Gegner noch schwächer war als man selbst. Die eingestandene Friedensbereitschaft einer Seite konnte so die Hoffnung der anderen bestärken, die eigenen Ziele doch noch militärisch zu erreichen. In diesem Falle führte der erste Schritt in Richtung Frieden zur Fortsetzung des Krieges.

Viele Wege aus dem Krieg in den Frieden waren langwierig. So bestand der Westfälische Frieden von 1648, mit dem der Dreißigjährige Krieg endete, aus einer Reihe von Verträgen, die in Münster und Osnabrück unterzeichnet wurden. Vorausgegangen waren über fünf Jahre dauernde Verhandlungen. Auch nach diesen diplomatischen Anstrengungen hätte der Krieg noch lange nach seinem formalen Ende jederzeit wieder neu aufflammen können. Ähnlich prekär waren die Friedensschlüsse in den zwischen 1792 und 1815 fast ununterbrochen andauernden Kriegen der Französischen Revolution und Napoleons. Die Kriege rund um die Gründung des italienischen (1859/61) und des deutschen Nationalstaats (1864, 1866 und 1870/71) dauerten demgegenüber deutlich weniger lang. Der preußische Ministerpräsident Otto von Bismarck setzte auf schnelle militärische Siege und kurze politische Wege in den Frieden. Aber dieses Ideal wurde schon in den 1860er Jahren brüchig, als das Ende des Amerikanischen Bürgerkrieges die Probleme der Friedenssuche in der Neuzeit wie unter einem Brennglas bündelte: in der traumatischen Erfahrung entgrenzter Gewalt über vier Jahre, die sich immer mehr auch gegen die Zivilbevölkerung an der Heimatfront gewandt hatte, im erstmals formulierten Konzept des «unconditional surrender», also der bedingungslosen Kapitulation der unterlegenen Seite, und im Beharren der ehemaligen Südstaaten auf der eigenen moralischen Überlegenheit sowie ihrem Kult um den «lost cause».[8]

Was das Ende eines langen Krieges bedeutete, den man sich als kurzen Krieg vorgestellt hatte, zeigte sich im Ersten Weltkrieg. Deutsche und Franzosen schlossen jedenfalls am 11. November 1918, dem Tag des Waffenstillstandes, oder am 28. Juni 1919 bei der Unterzeichnung des Versailler Vertrages keinen wirklichen Frieden miteinander. Beide Daten markierten mit dem Ende akuter Kampfhandlungen an der Westfront Europas oder dem Abschluss der Pariser Friedenskonferenz für das Deutsche Reich allenfalls formale Momente. Tatsächlich provozierten die Ergebnisse des mit Erwartungen überforderten Friedens von 1919 neue Verletzungen: durch territoriale Bestimmungen, Reparationen und die Betonung einer «Kriegsschuld», die zum Ausgangspunkt vielfältiger Revisionsobsessionen wurde, die nicht allein die deutsche Gesellschaft der 1920er und 1930er Jahre prägten. So sagt der Abschluss eines Friedensvertrages wenig über kollektive Haltungen aus, über mentale Verletzungen und langfristige Einstellungen. Auf den Friedensschluss von Versailles folgte eine Fortsetzung des Krieges mit anderen Mitteln, die in der französischen Ruhrbesetzung 1923 von einem kalten in einen heißen Konflikt überzugehen drohte. Auch die von Gustav Stresemann und Aristide Briand in den Locarno-Verträgen von 1925 erreichte Garantie der Grenzen in Westeuropa änderte nichts daran, dass der Krieg in den Köpfen vieler Menschen präsent blieb. Als deutsche Truppen im Juni 1940 Frankreich innerhalb weniger Wochen besiegten, schien es vielen Deutschen, dass erst jetzt der Erste Weltkrieg ende: mit einem deutschen Sieg, der die unverstandene Niederlage von 1918 vergessen machte. So reichte der Schatten des Kriegsendes von 1918 sehr weit, und die von vielen Deutschen letztlich nicht akzeptierte Niederlage am Ende des Ersten Weltkrieges erwies sich als eine entscheidende Voraussetzung für den Erfolg der Erlösungsversprechen Adolf Hitlers.[9]

In den Weltkriegen des 20. Jahrhunderts wurde die Gewalt gegen Soldaten und Zivilisten bis hin zu Genoziden und Bürgerkriegen entgrenzt. Dennoch unterschieden sich die Endphasen der beiden Weltkriege ab 1917/18 und 1942/43 auch voneinander. Während die meisten Deutschen bis in den Sommer 1918 noch auf einen möglichen Siegfrieden hofften, der alle bisherigen Opfer rechtfertigen werde, konnte von einem solchen Siegesvertrauen nach der Niederlage von Stalingrad 1942/43 keine Rede mehr sein. Und dennoch setzten sich Krieg und Holocaust weiter fort und steigerten sich. Dem Ersten Weltkrieg folgte ein Friedensvertrag, der den deutschen Nationalstaat von 1871 überleben ließ und nach 1919 Chancen auf eine friedliche Revision eröffnete. Der Zweite Weltkrieg endete in einer bedingungslosen Kapitulation, ohne formalen Friedensvertrag und mit dem Ende Deutschlands als klassischer Nationalstaat.[10]

Der Blick in die Vergangenheit lässt Kriege erkennen, die wie im 17. Jahrhundert erst nach langen Gewaltphasen langsam ausbrennen und der Diplomatie nicht eher eine Chance geben. Historisch setzte erfolgreiche Diplomatie in vielen Fällen eine Einsicht der Akteure in die Erschöpfung der eigenen Ressourcen und Handlungsoptionen voraus. Erst wenn der Glaube an die Möglichkeit eines eigenen Sieges erodierte, wuchsen die Chancen auf eine Friedenssondierung. Doch davor verlängerten sich Kriege immer wieder durch sich selbst: Denn in vielen Kriegsgesellschaften wirkte angesichts der vielen Opfer und Lasten jede scheinbar vorzeitige Konzession, jede Friedensbereitschaft wie Defätismus und Verrat. So boten gerade die Endphasen vieler Kriege im 20. Jahrhundert, in denen Politiker und Militärs begannen, die Begrenztheit ihrer Ressourcen zu verstehen und die Fragilität der eigenen Kriegsgesellschaft realistisch einzuschätzen, häufig Anlässe, die Gewalt noch einmal zu intensivieren. In den letzten Monaten des Ersten Weltkrieges kam es zu einer regelrechten zweiten Mobilisierung und besonders hohen Verlusten.

Das galt im Zweiten Weltkrieg auch für die Phase ab 1943/44 in Europa und im Pazifik und reichte bis zum bislang einzigen Einsatz von Atomwaffen in einem militärischen Konflikt. Auch im Algerienkrieg Frankreichs kam es in der Endphase der 1950er und frühen 1960er Jahre zu einer Gewaltintensivierung. Auf dem langen Weg der USA aus dem Vietnamkrieg spielte die Ausweitung der Gewalt gerade nach der Einsicht in das sich abzeichnende Ende des Konflikts eine wesentliche Rolle. Es ging darum, für absehbare Friedensverhandlungen eine möglichst gute Ausgangsposition zu erlangen und dem Gegner die eigene Handlungsfreiheit vorzuführen. Zum Weg in den Frieden gehört also nicht allein die schmerzvolle Einsicht in die gegenseitige Erschöpfung, sondern immer auch die Bereitschaft zum taktischen Einsatz von Gewalt.

Kriege können auf unterschiedliche Weisen enden, zwischen denen in der Realität vielfältige Übergänge bestehen: durch den militärischen Sieg einer Seite, durch ein militärisches Patt, durch einen auf einem Kompromiss beruhenden Friedensschluss, durch die Intervention Dritter oder durch die Überführung eines Krieges in einen Konflikt mit niedrigerer Gewaltintensität.[11] Die Kapitulation eines Staates konnte an Bedingungen geknüpft sein oder bedingungslos erfolgen, sie konnte erzwungen sein wie im Falle Deutschlands und Japans im Mai und September 1945, oder sie konnte freiwillig erfolgen, wie bei Hunderttausenden von Soldaten, die in den Endphasen von Kriegen das Vertrauen in die Fortsetzung des eigenen Kampfes verloren und freiwillig in die Gefangenschaft gingen. Onodas Schicksal schließlich verweist auf die Kluft zwischen der politischen Kapitulation eines Staates und dem individuellen Akt eines Soldaten, sich zu ergeben.

Was heißt das alles für unsere unübersichtliche Gegenwart?[12] Der Krieg in der Ukraine hat die Hoffnung auf schnelle Siege genauso enttäuscht wie die auf baldige Auswege oder ein mögliches «Einfrieren» des Konflikts. Er ist längst in einen unabsehbar langen Abnutzungskrieg übergegangen, in ein Nebeneinander von Kämpfen um konkrete Territorien und geschichtspolitische Räume, um Werte und Ordnungsmodelle, um globale Energie- und Nahrungsressourcen sowie kritische Infrastrukturen, um Bilder und Meinungen. Zudem ist er verbunden mit Konflikten innerhalb der westlichen Gesellschaften: um den Widerstand gegen die russische Aggression, um ihre weltweiten Implikationen und eine gerechte Verteilung der spürbaren Kriegslasten. Praktisch alle Optionen, wie ein Krieg enden kann, werden derzeit kontrovers diskutiert: von der Hoffnung auf die kriegsentscheidende Wirkung einer Offensive oder neuer Waffensysteme, über die Erschließung neuer Ressourcen und Partner, bis zur Forderung nach Kompromissen und Konzessionen einer Seite oder zu dem Ziel, durchzuhalten, bis die andere Seite, wenn schon nicht kapituliert, so doch wenigstens den Rückzug antritt.

Wenn aus Erschöpfung die Einsicht in die Notwendigkeit ernsthafter Verhandlungen wird und die Diplomatie eine Chance erhält, wird das Ende eines Krieges erkennbar; aber es ist zugleich immer auch ein schwieriger Übergang. Angesichts der dokumentierten Fähigkeit der Ukraine, mithilfe westlicher Waffen Territorien zurückzuerobern, sind dort die Erwartungen gestiegen, den Krieg erfolgreich fortzusetzen. Dahinter wird derzeit keine politische Führung in Kiew zurücktreten können, ohne die eigene Legitimation zu beschädigen – auch wenn die Erfolge auf dem Schlachtfeld sich nicht so einstellen sollten wie erhofft. Demgegenüber spricht Wladimir Putins bewusste Entscheidung, mit der Mobilisierung den Krieg und seine Opfer mitten in die russische Gesellschaft hineinzutragen, für eine erhebliche Risikobereitschaft – nach innen und außen. Denn im Wissen darum, dass die Verluste im Kontext der sowjetischen Intervention in Afghanistan ab 1979 maßgeblich zur Erosion der Sowjetunion beitrugen, geht es für ihn auch um das eigene politische und sogar physische Überleben.

Praktisch keine Analyse dieses Krieges kommt ohne historische Referenzen aus. Dazu gehören die zahllosen Analogien und Vergleiche, die von «München 1938» und «Anschluss» über «appeasement» und «containment» bis zum «Blitzkrieg» reichen. Die Versuche, den Krieg zu verstehen, ihn auf den Punkt zu bringen und die Unübersichtlichkeit zu strukturieren, sind voller Anklänge an die Krisenvokabeln der späten 1930er Jahre, als der lange Nachkrieg schon wieder in einen Vorkrieg überzugehen drohte. Und nicht zufällig wirken viele Reden des ukrainischen Präsidenten auch deshalb so eindringlich, weil sie sehr bewusst an historische Momente erinnern und daran das Verhalten in der Gegenwart messen, etwa im Verweis auf die Rolle Winston Churchills im Zweiten Weltkrieg oder auf den Moment von Pearl Harbour 1941.[13]

Man kann die aktuellen Krisen nicht an die Geschichte delegieren. Geschichte wiederholt sich nicht, und sie liefert auch keine Blaupausen für Entscheidungen. Aber sie zeigt in einem großen Reservoir über Zeiten und Räume, welche Konstellationen warum zu welchen Ergebnissen führten. Sie offenbart Verlaufsmuster und Handlungslogiken genauso wie Ambivalenzen und paradoxe Situationen, und sie immunisiert gegen einfache Erklärungen, Analogien und Vergleiche. In diesem Sinne fordert Geschichte zur Auseinandersetzung heraus. Sie erlaubt durch den Blick auf das Entfernte jenen Abstand zu gewinnen, der uns klarer sehen und mehr erkennen lässt. Der Blick auf Kriege der Vergangenheit zeigt, warum es lohnt, sich auf diese Geschichte einzulassen, um in der Gegenwart besser zu verstehen, wie Kriege zu Ende gehen.

I. Krieg und Frieden

Die Natur des Krieges bestimmt sein Ende.

Auch im Dankgebet für den Frieden war die traumatische Kriegserfahrung noch unüberhörbar: «Wir danken Dir, dass Du uns wie ein[en] Brand aus dem Feuer gerissen hast, dass wir unser Leben als eine Beut davon gebracht [...] Darum sollen wir täglich und stündlich um den lieben Frieden bitten, denn wo Frieden ist, da ist Glück und Segen. Wie ich beide Zeiten wohl erfahren hab, Krieg und Frieden, und hab allerlei gesehen und erlebt.» Dem Frieden traute Hans Heberle erst im August 1650, fast zwei Jahre nach der Unterzeichnung des Westfälischen Friedens in Münster und Osnabrück im Oktober 1648. Noch einen Monat nach dem Friedensschluss, im November 1648, hatte er zum 29. Mal vor französischen Truppen nach Ulm fliehen müssen, nachdem seine Frau und er in den Kriegsjahren zehn ihrer dreizehn Kinder verloren hatten.

Als schreibkundiger Landschuster aus einer protestantischen Familie in der Nähe von Ulm hatte er den Dreißigjährigen Krieg unmittelbar erlebt und die Ereignisse seit 1618 mit persönlichen Aufzeichnungen begleitet, die er ab 1634 ins Reine schrieb und als «Zeytregister» bis 1672 weiterführte. Im Sommer 1650 vermerkte er sorgfältig alle Garnisonsorte in Süddeutschland, in denen auch noch zwei Jahre nach der Unterzeichnung des Friedens Truppen des Kaisers und des schwedischen Königs stationiert waren. Für Heberle endete der Krieg erst, als man mit der Nürnberger Exekutionsverordnung vom Juli 1650 detailliert den Abzug und die finanzielle Abfindung dieser fremden Truppen geregelt hatte.

Erst jetzt sprach er von einem «ganzen, völligen und Generalfrieden», der in der alten Reichsstadt Ulm am 24. August 1650 gefeiert wurde.[1]

Dem Dreißigjährigen Krieg fielen in den deutschen Gebieten insgesamt zwischen vier und zehn Millionen Menschen zum Opfer, was bis zu 45 Prozent der Bevölkerung entsprach. Allein die Einwohnerzahl Ulms sank als Folge des Krieges von 21 000 auf etwas über 13 000. Dabei hätte der Krieg schon 1636 beendet werden können. Musste ein Krieg, der schon seit 1618 Mitteleuropa verwüstete, zwangsläufig auch in einen sehr langen Friedensprozess münden?[2] 1634 hatte Papst Urban VIII. seine Dienste als Vermittler im Konflikt zwischen den katholischen Monarchen Frankreichs auf der einen und Spaniens und des Heiligen Römischen Reiches auf der anderen Seite angeboten. Die Protestanten sollten davon jedoch ausdrücklich ausgeschlossen bleiben. Ihren eigenen Diplomaten verbot die päpstliche Kurie jede Verhandlung mit den «Ketzern» und hielt am Ziel fest, die Protestanten in diesem Krieg entweder zu bekehren oder aber zu vernichten. Viele katholische Fürsten in Deutschland waren 1634 angesichts der Verwüstung ihrer Territorien bereit, auf das Angebot des Papstes einzugehen, und auch die spanische Krone signalisierte Konzessionsbereitschaft, weil die eigenen Ressourcen als Folge des jahrzehntelangen Krieges mit den Niederländern erschöpft waren. Doch Frankreich unter seinem katholischen Ersten Minister Kardinal Richelieu wandte sich gegen die möglichen Friedenssondierungen. Die eigenen protestantischen Verbündeten im Kampf gegen die mit Frankreich konkurrierenden Habsburger in Spanien und im Heiligen Römischen Reich, das Königreich Schweden und die Vereinigten Niederlande, hatte man mit Geldzahlungen unterstützt, aber noch keine eigenen Soldaten eingesetzt.[3]

In diesen Entwicklungen spiegelte sich der Charakter des Konflikts wider, der zugleich Religionskrieg war und Auseinandersetzung zwischen europäischen Mächten, deren Bruchlinien quer zu den Konfessionsgrenzen verliefen. Gegenüber dem Papst bestand Frankreich darauf, dass ein stabiler Frieden die Zustimmung seiner protestantischen Verbündeten voraussetzte. Wenn sich im Verlauf des Dreißigjährigen Krieges konfessioneller Bürgerkrieg, europäischer Mächtekonflikt und die Auseinandersetzung um die Machtverteilung zwischen dem Kaiser und den Reichsständen überlagerten, dann bestimmten diese Konfliktlinien auch den Weg in den Frieden. Das begann bereits mit der Suche nach einem möglichen Ort für Friedensverhandlungen. Nachdem die Vermittlung des Papstes 1636 endgültig gescheitert war, die Position des Kaisers sich gegen die verbündeten Franzosen und Schweden permanent verschlechtert hatte und der Druck der deutschen Fürsten zunahm, endlich Verhandlungen aufzunehmen, stimmte Ferdinand III. 1641 schließlich der Einberufung eines Friedenskongresses zu. Dieser sollte, getrennt nach den Konfessionen der beteiligten Mächte, im katholischen Münster und protestantischen Osnabrück stattfinden, weil die päpstliche Kurie nur unter dieser Bedingung bereit war, als Vermittler zu fungieren.[4]

Nachdem beide Städte von ihren formalen Pflichten gegenüber dem Reich und ihren Landesherren entbunden und durch den Abzug der jeweiligen Garnisonen faktisch neutral geworden waren, konnte der Kongress beginnen. Doch weil der Kaiser sich bis August 1645 weigerte, die Repräsentanten der 300 geistlichen und weltlichen deutschen Fürsten, Grafen und freien Reichsstädte einzuladen, verzögerte sich der Beginn noch einmal. Als Ferdinand III. ihre Anwesenheit akzeptierte, setzte sich zugleich ein neues Verständnis der Verfassung des Heiligen Römischen Reiches durch. Denn ab jetzt repräsentierten Kaiser und Stände das Reich zusammen und mussten völkerrechtlichen Entscheidungen über Krieg und Frieden auch gemeinsam zustimmen.[5]

Mit der Versammlung aller Botschafter begann der Friedenskongress im Dezember 1645. Auch die nach langen Verhandlungen ausgearbeiteten Bestimmungen spiegelten Ursprung und Charakter des Krieges wider. In einem Vorvertrag vom Februar 1647 gelang zunächst ein Ausgleich zwischen dem Kaiser, Frankreich und Schweden. Den konfessionellen Bürgerkrieg und das Verhältnis zwischen Kaiser und Ständen regelten dann die Bestimmungen des Westfälischen Friedens. Dabei ging es im Oktober 1648 nicht allein um territoriale Regelungen, durch die Frankreich Gebiete im Elsass und in Lothringen und Schweden Vorpommern zugesprochen bekamen. Vor allem erhielten die Fürsten und Reichsstädte nunmehr das Recht zugestanden, untereinander Allianzen oder Bündnisse mit ausländischen Mächten abzuschließen. Konfessionspolitisch schrieb der Friedensvertrag die Verhältnisse des «Normaljahres» 1624 fest und erkannte die prinzipielle Gleichstellung der Konfessionen an. Aber die europäische Dimension des Krieges wies noch weit über den Moment von 1648 hinaus, denn die spanische und französische Krone sollten ihren Konflikt erst 1659 in einem eigenen Friedensvertrag beenden.[6]

Über das konkrete Ende eines Krieges, die Schwierigkeiten erster Sondierungen und die Erfolgsaussichten eines Friedensschlusses entscheiden also Ursachen, Verlauf und Charakter des vorangegangenen Konflikts. Umfassende, lang andauernde Kriege mit Beteiligung vieler unterschiedlicher Parteien mündeten in andere Friedenssondierungen und brachten andere Friedensverträge hervor als relativ kurze bilaterale Konflikte. In die erste Kategorie fielen die Auseinandersetzungen mit dem revolutionären und napoleonischen Frankreich zwischen 1792 und 1814 und die beiden Weltkriege des frühen 20. Jahrhunderts, in die zweite zum Beispiel die Kriege um die Bildung der neuen Nationalstaaten Italien und Deutschland zwischen 1859 und 1871.

Für den historischen Zusammenhang zwischen der Natur des Krieges und seinem Ende sind vor allem vier Aspekte besonders relevant. *Erstens* veränderte sich seit dem Ausgang des 18. Jahrhunderts der Charakter der Kriege durch die neue nationale Begründung von Kriegszielen, durch neuartige Massenarmeen und die Einführung der Wehrpflicht sowie durch die Möglichkeiten der Industrialisierung und Technisierung, wie Eisenbahnen, Dampfschiffe und Telegraphie exemplarisch zeigten.[7] All das hatte unmittelbare Konsequenzen für die unterschiedlichen Wege in den Frieden. Auf die Konfrontation mit den Erbschaften der Französischen Revolution und die Hegemonialbestrebungen Napoleons reagierten die Friedensmacher auf dem Wiener Kongress 1814/15 mit einem Programm der Revolutionsprophylaxe und einer umfassenden europäischen Sicherheitsarchitektur. In den «Nationalkriegen» des 19. Jahrhunderts begannen die Öffentlichkeit und Massenmedien eine größere Rolle zu spielen.

Der Erste Weltkrieg schließlich wurde mit Millionenheeren und einem bis dahin ungekannten Einsatz wirtschaftlicher und finanzieller Ressourcen geführt. Er war nicht länger auf Europa beschränkt und forderte durch die Einbeziehung der Kolonialgesellschaften in Asien und Afrika auch die überkommenen kolonialen Hierarchien heraus. Zugleich mündete er in eine neuartige Gewaltintensität, die sich nicht länger auf die militärische Front beschränkte, sondern auch die Heimatgesellschaften einbezog, wie etwa beim Armeniergenozid im Osmanischen Reich. Ab 1917 ging der Krieg schließlich von Russland ausgehend in Revolutionen über, aus denen wiederum Bürgerkriege entstanden, die wie in Russland weit über 1918 hinaus andauerten. Erosion und Zusammenbruch der multiethnischen Empires, des Zarenreiches, der Habsburgermonarchie und des Osmanischen Reiches, zwangen die Akteure auf der Pariser Friedenskonferenz nicht nur dazu, neue Grenzen festzulegen. Nach der Erfahrung des

Weltkrieges als «war to end all wars» sollte mit dem Prinzip der nationalen Selbstbestimmung, dem Modell des souveränen Nationalstaates und dem Völkerbund eine ganz neue Basis für die Ausgestaltung internationaler Beziehungen geschaffen werden.

Angesichts der Totalisierung der Kriegsgewalt, die sich in den Jahrzehnten vor 1914 sukzessive angekündigt hatte, sich im Ersten Weltkrieg beschleunigte und im Zweiten Weltkrieg mit dem strategischen Luftkrieg und schließlich mit dem Einsatz von Atomwaffen ihren Höhepunkt erlebte, spielten in den Friedenslösungen nach 1918 und nach 1945 Fragen nach der Kriegsschuld und der Ahndung von Kriegsverbrechen eine viel größere Rolle als nach früheren Kriegen. Ansätze dazu waren bereits im Amerikanischen Bürgerkrieg der 1860er Jahre und in den Kriegen der südafrikanischen Buren 1878/81 und 1899/1902 erkennbar gewesen, aber erst der Versailler Friedensvertrag spitzte diese Entwicklung in neuartiger Weise zu, wie zumal der Zusammenhang zwischen Schuld und Schulden im Umgang mit den deutschen Reparationen und die Forderung nach der Auslieferung des ehemaligen Kaisers Wilhelm II. dokumentierten. Nachdem nach 1918 aber ein internationales Straftribunal gescheitert war, wurde am Ende des Zweiten Weltkrieges der Weg in den Frieden in Deutschland und Japan institutionell mit der rechtlichen Aufarbeitung der Kriegsverbrechen in den Prozessen von Nürnberg und Tokio verknüpft.[8]

Zweitens wirkten sich die Veränderungen in der Legitimation politischer Herrschaft seit dem Ende des 18. Jahrhunderts immer stärker auf Friedensprozesse aus. Zwar versuchten Politiker wie Otto von Bismarck den Primat der Regierungspolitik in Fragen von Krieg und Frieden zu verteidigen. Aber auch Bismarck wusste, wie stark Innen- und Außenpolitik seit den 1850er Jahren zusammenhingen.[9] Angesichts von Verfassungen, Parlamenten, Wahlen und dem zunehmenden Einfluss von Massenmedien waren Entscheidungen über Krieg und Frieden jedenfalls nicht mehr allein auf das Arkanum von Monarchen beschränkt. Wie stark Regime von der Identifikation mit Krieg oder Frieden bestimmt sein konnten, bewies das Zweite Kaiserreich Frankreichs. Denn im Gegensatz zum stilisierten Selbstbild Napoleons III., «L'Empire, c'est la paix», wusste bereits Karl Marx, wie stark das Regime vom Erfolg in Kriegen abhing und deshalb auf Friedensschlüsse hinwirken musste, aus denen sich politisches Prestige auch für die Innenpolitik ableiten ließ, so im Krimkrieg und im Italienischen Krieg 1859/61. In Fortsetzung des Staatsstreichs vom Dezember 1851 auf der Ebene der internationalen Politik müsse Napoleon III. «sozusagen immer aufs Neue die Dezembertage aufführen, nur dass der Schauplatz des Blutbades von den Pariser Boulevards in die Ebene der Lombardei oder auf die Halbinsel Krim verlegt wird, und die jämmerlichen Nachkömmlinge der großen Revolution nicht ihre eigenen Landsleute, sondern fremde Völker zu morden haben».[10]

Der Zusammenhang zwischen politischer Legitimation und Friedensprozess prägte am Ende des Ersten Weltkrieges die Vorbereitung und den Verlauf der Friedenskonferenz. Russland schloss man nach den Revolutionen von 1917, angesichts des Bürgerkrieges und der Wendung der Alliierten gegen die Bolschewiki aus, zumal unklar blieb, wer überhaupt die politische Prokura für eine Friedensverhandlung besaß. Zudem mussten sich die Friedensmacher mit den Ergebnissen der Friedenskonferenz Wahlen in ihren Gesellschaften stellen, oder sie hatten in Wahlkämpfen unmittelbar nach dem Ende des Krieges politische und soziale Friedensdividenden versprochen, an denen sie nach der Unterzeichnung der Verträge gemessen wurden. Hannah Arendt hat vor diesem Hintergrund argumentiert, dass seit dem Ersten Weltkrieg keine Regierung und kein Staat stark genug sein könne, eine Niederlage im Krieg zu überstehen.[11]

Im weiteren Verlauf des 20. Jahrhunderts machte es immer wieder einen großen Unterschied, ob es sich um demokratische oder autoritäre Kriegsstaaten handelte. Weil sich der amerikanische Präsident einen stabilen Friedensschluss mit autoritären Militärreichen nicht vorstellen konnte, setzte der Waffenstillstand vom November 1918 die Parlamentarisierung des Deutschen Kaiserreichs voraus. Auch danach wurde dieser Faktor immer wieder relevant. Denn demokratische Staaten verfügen über Kontrollinstanzen und Regulierungsinstitutionen wie gewählte Parlamente, Experten, Medien und Meinungsmärkte, auf die Politiker in autoritären Regimen keine besondere Rücksicht nehmen müssen. Als der Verlauf, die Opfer und die ausufernden Kosten des Vietnamkrieges in der amerikanischen Öffentlichkeit zunehmend kritisch diskutiert wurden, brachte der amerikanische Sicherheitsberater Walt Rostow diese Konstellation auf die prägnante Formel: «Wenn der Krieg gut läuft, ist das amerikanische Volk auf unserer Seite. Wenn der Krieg schlecht läuft, ist es gegen uns.»[12] Entsprechend haben gerade Wahlen und Wahlkämpfe in demokratischen Gesellschaften erheblichen Einfluss auf die politischen Entscheidungen für die Ausweitung eines Krieges oder mögliche Friedenssondierungen.

Für den Charakter des Krieges wie für den Weg in den Frieden war, *drittens*, die Anerkennung der Kriegsparteien als gleichberechtigte Akteure oder die Ablehnung dieser Gleichberechtigung entscheidend. Die in frühneuzeitlichen Friedensverträgen übliche Oblivionsklausel, das «wohltätige Vergessen» als gleichsam mentale Voraussetzung für einen langfristig stabilen Frieden, setzte die Gleichberechtigung der vertragschließenden Akteure voraus. Für Konflikte, in denen die religiöse oder ideologische Identifikation der Kombattanten diese gegenseitige Anerkennung nicht zuließ, galt dieses Gebot des Vergessens ausdrücklich nicht. Das war zum Beispiel in Religionskriegen der Fall, etwa in den Kreuzzügen oder in Konflikten zwischen christlichen Mächten und dem Osmanischen Reich.[13] Die fehlende Gleichberechtigung der Kriegsparteien galt auch für die Unterwerfung von Kolonien in der Frühen Neuzeit und im 19. Jahrhundert. Eingespielte Mechanismen der Friedenssondierung und des Friedenschlusses setzten aus der Sicht der europäischen Kolonialmächte einen «zivilisierten» Status voraus, den man den Bevölkerungen unterworfener Gesellschaften absprach. Diese «außersystemischen Kriege» endeten daher nicht mit formalen Friedensschlüssen. Für die Kolonialkriege der Franzosen in Algerien, der Briten in Indien oder Südafrika oder der Deutschen bei der Niederschlagung des Aufstandes der Herero und Nama in Deutsch-Südwestafrika zwischen 1904 und 1908 waren nicht Friedensschlüsse, sondern entgrenzte Gewalt und die Praxis brutaler Unterwerfung kennzeichnend.[14]

Viertens spielt in begrenzten bilateralen Konflikten und Bürgerkriegen bis heute die mögliche Vermittlung durch Dritte eine entscheidende Rolle.[15] Werden sie als neutrale Institution und glaubwürdig anerkannt, können sie verhindern, dass Kriegsparteien sich in gegenseitigen Anschuldigungen verlieren oder eine Seite extrem benachteiligt wird. Auf dem Weg zu einem Waffenstillstandsabkommen oder einem Friedensvertrag kann eine solche Instanz die Bereitschaft zu Verhandlungen vergrößern, noch bevor eine Partei militärisch zur Kapitulation gezwungen ist. Auch die Verhandlungen in Münster ab 1645 basierten zunächst noch auf der traditionellen Vermittlerrolle des päpstlichen Delegierten. An den großen Konflikten seit dem Ende des 18. Jahrhunderts dagegen, von den Napoleonischen Kriegen bis zu den Weltkriegen in der ersten Hälfte des 20. Jahrhunderts, waren so viele Kriegsparteien beteiligt, dass ein unabhängiger Dritter als Vermittler nicht mehr infrage kam. Dagegen nahmen im 19. Jahrhundert europäische Großmächte immer wieder eine solche Funktion in kleineren Kriegen wahr, übten Druck auf die Kriegsparteien aus, zu einem bestimmten Zeitpunkt die Kämpfe einzustellen, oder nahmen Einfluss auf die Bestimmungen von Friedensverträgen. Das galt etwa für Großbritannien in den Staatsbildungskriegen, aus denen Griechenland in den 1820er Jahren oder Belgien 1830/31 entstanden. Im Frieden von Shimonoseki 1895 zwischen Japan und China spielten Europäer und die Vereinigten Staaten diese Rolle und zwangen den militärischen Sieger Japan zu enormen Zugeständnissen – was dessen aggressives Vorgehen in der Region nur verstärkte.[16] In den Friedensschlüssen nach den Balkankriegen 1912/13 schließlich führte die Vermittlung durch Dritte zu einer scheinbaren Stabilisierung der Region. Aber weil die durch Vermittlung erzwungenen Bestimmungen den militärischen Ergebnissen 1912/13 zum Teil widersprachen, blieb der Frieden in Südosteuropa prekär, wie sich dann im Juni 1914 zeigte.[17]

Einige der strukturellen Probleme dieses Konfliktraumes vor 1914 tauchten in den jugoslawischen Zerfallskriegen ab 1991 erneut auf.[18] Auch in ihnen wiederholte sich, dass Ursachen, Verlauf und Charakter der Konflikte die Art und Weise der Friedenssuche und die Stabilität der am Ende formulierten Vereinbarungen bestimmten. Als im Herbst 1995 auf dem Stützpunkt der amerikanischen Luftwaffe in Dayton nach 21 Tagen praktisch ununterbrochener Verhandlungen das gleichnamige Abkommen von den Präsidenten Bosnien-Herzegowinas, Kroatiens und der Bundesrepublik Jugoslawien unterzeichnet wurde, reagierten viele Beobachter euphorisch. Vier Jahre lang hatte der Krieg Bilder brutaler Gewalt produziert, so vor allem als bosnisch-serbische Milizen und Spezialeinheiten im Juli 1995 in der Enklave Srebrenica systematisch und planmäßig über 8000 muslimische Jugendliche und Männer ermordeten und etwa 25 000 Frauen, Kinder und alte Menschen vertrieben. Srebrenica symbolisierte zugleich das Scheitern aller Vermittlungsversuche durch internationale Organisationen wie die Vereinten Nationen oder die Europäische Gemeinschaft. Demgegenüber schien die Kombination aus einer militärischen Intervention der NATO und einer energischen amerikanischen Moderation endlich zu einer Lösung des Konflikts geführt zu haben.

Dass sich das zunächst von allen Kriegsparteien anerkannte Dayton-Abkommen schon bald als problematisch erwies, dass es danach zu weiteren Eskalationen in der Region kam und sich die innere Spaltung Bosnien-Herzegowinas bis heute fortgesetzt hat, geht wesentlich auf die spezifischen Ursachen des Konflikts und die besonderen Kriegserfahrungen zurück. Denn es handelte sich um jugoslawische Zerfallskriege in einer multiethnischen Region. Im Kriegsverlauf kam es zu einer Zuspitzung ethnischer Gewalt, die sich lange Zeit nicht international eindämmen ließ. In Bosnien-Herzegowina agierten drei konkurrierende Kriegsparteien, wobei bosnische Serben, Muslime bzw. Bosniaken sowie Kroaten in unterschiedlichen Koalitionen gegeneinander kämpften.

Von den fast 4,4 Millionen Menschen in dieser jugoslawischen Teilrepublik wurden während des Krieges mehr als zwei Millionen Opfer von Vertreibungen oder «ethnischen Säuberungen». Über 100 000 Soldaten und Zivilisten kamen bis 1995 ums Leben. Dabei überlagerte sich ein Krieg um die Auflösung des jugoslawischen Bundesstaates mit Konflikten um die Bildung von Nachfolgestaaten, ethnischer Gewalt und Elementen eines Bürgerkrieges. Wie bereits im Verlauf des 19. Jahrhunderts setzte man in den Kämpfen immer wieder darauf, durch massive Gewalt ethnisch homogene Gebiete in einer Region zu schaffen, die durch eine ausgesprochen multiethnische Struktur gekennzeichnet war. 1991 lebten in der Teilrepublik 43,5 Prozent Muslime bzw. Bosniaken, 31,2 Prozent Serben und 17,4 Prozent Kroaten sowie 20 weitere ethnische und religiöse Gruppen. Anders als im 19. Jahrhundert ging es in den 1990er Jahren aber nicht mehr allein darum, regionale Machtverhältnisse neu auszutarieren, sondern um territoriale Sezessionen und die Anerkennung neuer Staaten. Dieser Prozess setzte ein, als sich im Juni 1991 die jugoslawischen Teilrepubliken Kroatien und Slowenien für unabhängig erklärten. Das löste eine Ethnisierung der politischen Strukturen in Bosnien-Herzegowina aus, wo sich muslimische und kroatische Abgeordnete nun dafür einsetzten, dem Vorbild der Slowenen und Kroaten zu folgen, woraufhin die bosnischen Serben die Regierungskoalition verließen. Nach einem von ihnen boykottierten Referendum, in dem die Mehrheit für die Unabhängigkeit votierte, erkannte die Europäische Gemeinschaft im April 1992 die Unabhängigkeit des neuen Staates Bosnien-Herzegowina an.[19]

Schon zuvor war es in verschiedenen Gebieten zu Gewaltausbrüchen gekommen, doch nun eskalierte der Konflikt, als bosnisch-serbische Truppen große Teile Ostbosniens, der östlichen Herzegowina und der serbischen Krajina eroberten. Sie kontrollierten schließlich fast 70 Prozent des bosnischen Territoriums und versuchten, eine eigene serbische Teilrepublik zu etablieren. Das zunächst abgeschlossene Bündnis aus muslimischen und bosnisch-kroatischen Truppen gegen die von Teilen der Jugoslawischen Volksarmee unterstützten bosnisch-serbischen Verbände zerbrach jedoch, nachdem es zur Ausrufung eines eigenen kroatischen Staates Herceg Bosna gekommen war.

Eine besondere Dynamik entwickelte der Krieg gerade während der ab 1991/92 angelaufenen Bemühungen der Vereinten Nationen und der Europäischen Gemeinschaft um eine Eindämmung der Konflikte in ganz Jugoslawien, vor allem durch ein Waffenembargo und die Einrichtung «sicherer Zonen» unter dem Schutz von UN-Blauhelmsoldaten und einer NATO-Luftraumüberwachung. Gleichzeitig setzten alle Kriegsparteien vor Ort darauf, ihre

Positionen vor dem Beginn ernsthafter Verhandlungen so weit wie möglich auszubauen. Unbeabsichtigt trugen die Friedenssondierungen auf diesem Wege dazu bei, die Gewalt zuzuspitzen.[20]

Eine Chance für echte Verhandlungen trat erst im Sommer 1995 ein. Als Reaktion auf serbische Granatenangriffe auf Sarajewo hatte die NATO aus der Luft serbische Stellungen angegriffen. Der aus amerikanischen, russischen und europäischen Mitgliedern zusammengesetzten Bosnien-Kontaktgruppe gelang es, die Bildung einer bosniakisch-kroatischen Föderation durchzusetzen und damit zunächst den Konflikt zwischen bosnischen Muslimen und Kroaten zu entschärfen. Zudem eroberte die kroatische Armee im August 1995 mithilfe amerikanischer Militärunterstützung die illegale Serbenrepublik in der Krajina. Schließlich entlarvte das Massaker von Srebrenica nicht nur das Scheitern aller bisherigen internationalen Versuche, den Konflikt einzudämmen, sondern bewirkte auch einen Meinungsumschwung. Ab August 1995 flogen NATO-Flugzeuge Angriffe auf Stellungen der bosnischen Serben, während die amerikanische Regierung ein Verhandlungsteam in die Region entsandte. Damit agierten die Vereinigten Staaten ab jetzt in einer Doppelrolle als militärischer Akteur und als Vermittler in der Friedenssondierung.

Auch das in Dayton präsentierte Ergebnis spiegelte Ursprung und Charakter des Konflikts wider: Bosnien-Herzegowina sollte in seinem Vorkriegsbestand und als einheitlicher Staat erhalten werden, aber aus zwei weitgehend autonomen Bundesstaaten bestehen, der von Kroaten und Bosniaken regierten Föderation Bosnien-Herzegowina und der Serbischen Republik (Republika Srpska). Sarajewo wurde zur ungeteilten Hauptstadt erklärt. Doch bis heute ist die erhoffte Stabilisierung ausgeblieben, weil die historisch begründete politische, ethnische und religiöse Polarisierung Bosnien-Herzegowinas nicht überwunden wurde, sondern sich seit 1995 im Gegenteil noch weiter verfestigt hat.

Wer abschätzen will, wie ein Weg aus dem Krieg in den Frieden aussehen könnte und wie groß die Chancen auf einen stabilen Friedensschluss sind, muss also zuerst die strukturellen Ursachen und den Verlauf des Konflikts kennen. Auch der besondere Charakter eines Krieges, etwa die spezifischen Erfahrungen im Rahmen ethnischer Gewalt, spielen in diesem Zusammenhang eine große Rolle. Erst aus einer solchen Perspektive wird man abschätzen können, wie groß die Handlungsspielräume internationaler Institutionen sind oder ob eine glaubwürdige Vermittlung durch Dritte möglich ist.

Entscheidend für solche Chancen sind vier Aspekte: *Erstens* muss eine Konfliktsituation «reif» für eine derartige politisch-diplomatische Intervention sein. Das bedeutet, dass die Kriegsparteien zu der rationalen Einschätzung gelangt sein müssen, dass sie von einer politischen Lösung größere Vorteile erlangen können als von der Fortsetzung militärischer Gewalt. Die Motive hinter diesem Kalkül können ganz unterschiedlich sein: von einem militärischen Patt, das alle Kriegsparteien anerkennen müssen, über die internationale Isolation der Akteure bis hin zur Gefährdung eines politischen Regimes von innen.[21]

Zweitens müssen die Vermittlungsinstitutionen über Glaubwürdigkeit verfügen, sie dürfen jedenfalls in der Konfliktsituation nicht in einer Weise involviert gewesen sein, die sie von vornherein zur Partei macht. *Drittens* benötigen Institutionen und Akteure relevanten politischen und wirtschaftlichen Einfluss sowie robuste Sanktionsinstrumente. Ein Vermittlungsmandat muss international eingebettet sein, um zu verhindern, dass der Konflikt von außen erneut angefacht werden kann. Und im Falle gebrochener Abmachungen müssen auch militärische Mittel zur Verfügung stehen, um damit die Umsetzung von Bestimmungen abzusichern. Historische Konfliktverläufe zeigen schließlich *viertens*, dass eine solche Lösung die Bereitschaft voraussetzt, auch lange über den konkreten Friedensschluss hinaus in einer Konfliktregion engagiert zu bleiben.

Nach 1945 wurden internationale Vermittler in vielen Bürgerkriegen und zwischenstaatlichen Konflikten wichtig. Das galt etwa für die Rolle der Vereinten Nationen in Palästina ab 1947 und in zahllosen Konflikten in Afrika und Asien im Zuge der Dekolonisierung. Beim Ausgleich zwischen Israel und Ägypten 1979, beim Oslo-Abkommen zwischen dem israelischen Ministerpräsidenten Jitzchak Rabin und der Palästinenser-Führung unter Jassir Arafat 1993 und in vielen anderen Versuchen einer Konfliktlösung im Nahen Osten spielten die Vereinigten Staaten immer wieder eine entscheidende Rolle. Doch zeigte das amerikanische Engagement in den jugoslawischen Zerfallskriegen auch die Grenzen dieser Funktion als Vermittlungsinstanz. Die robuste Diplomatie Richard Holbrookes mochte an die Friedens-Shuttles von Henry Kissinger im Nahen Osten erinnern. Aber in beiden Regionen war auch die widersprüchliche Rolle der USA zwischen militärischem Akteur und neutralem Vermittler unübersehbar.[22] Damit stellte sich zum einen die Frage der Glaubwürdigkeit der Vermittlung. Zum anderen konnte auch die Involvierung einer neutralen Institution den Friedenswillen der Kriegsparteien nicht erzwingen. Die auf dem Weg zum Dayton-Abkommen durch militärische Interventionen am Ende erzwungene Lösung von 1995 erwies sich als brüchig, und der Eingriff musste schon 1999 im Kosovokrieg wiederholt werden.[23]

II. Kontingente Dynamik

Echte Entscheidungsschlachten sind selten, und je länger ein Krieg dauert, desto schwieriger wird seine Kontrolle.

Nach dieser Niederlage schien alles verloren und der Krieg zu Ende. Angesichts der militärischen Katastrophe und in einem Zustand völliger Erschöpfung dachte der König daran, sich das Leben zu nehmen. Am Abend der Schlacht von Kunersdorf, am 12. August 1759 und im dritten Jahr des Siebenjährigen Krieges, schrieb Friedrich der Große an seinen Staatsminister Finck von Finckenstein einen berühmt gewordenen Brief. Seine Truppen befänden sich nach der Niederlage gegen die vereinigten österreichischen und russischen Armeen in Auflösung, und er selbst sei mehrfach nur durch Zufall der Gefangennahme entgangen: «Mein Rock ist von Schüssen durchlöchert, zwei meiner Pferde sind getötet; mein Unglück ist, dass ich noch lebe.» Um ihn herum fliehe alles, und er sei nicht mehr in der Lage, seine Armee zu kommandieren. Die Bewohner Berlins sollten sich angesichts der jetzt drohenden Eroberung der Hauptstadt durch russische Truppen in Sicherheit bringen: «Dies ist ein grausames Missgeschick, ich werde es nicht überleben; die Folgen werden noch schlimmer sein als die Sache selbst. Ich habe keine Hilfsmittel mehr, und um nicht zu lügen, ich glaube alles ist verloren; ich werde den Untergang meines Vaterlandes nicht überleben. Leben Sie wohl für immer.»[1]

Als er vier Tage später an seinen Bruder, den Prinzen Heinrich, schrieb, hielt die Verzweiflung Friedrichs zunächst noch an: «Wir sind alle zerfetzt, niemand, der nicht zwei oder drei Schüsse in den Kleidern oder im Hut hat. Wir würden gerne unsere Garderobe opfern, wenn das nur alles wäre … Glücklich die Toten! Sie sind über den Gram und alle Unruhe hinweg.» Doch am Ende des Briefes deutete sich bereits die Wende an, und trotzig formulierte Friedrich, dass er trotz der schweren Niederlage bereit sei, den Kampf fortzusetzen: «Aber rechnen Sie darauf, dass ich, solange ich lebe, für den Staat einstehe, wie es meine Pflicht ist.»[2]

Der Krieg zwischen den Mächten der europäischen Pentarchie, Preußen und Großbritannien auf der einen und Österreich, Frankreich und Russland auf der anderen Seite, endete nicht im Sommer 1759, sondern dauerte fast vier weitere Jahre bis zu den Friedensschlüssen von Paris und Hubertusburg 1763. Aber warum endeten Kriege auch nach einer eindeutigen Niederlage wie der von Kunersdorf nicht sofort, trotz immer höherer Verluste an Menschen und Material, trotz der mit immer längerer Dauer wachsenden politischen Kosten und Risiken? Nachträglich stilisierte man zahlreiche wichtige Schlachten zu entscheidenden Wendepunkten, wie Leuthen, Roßbach oder eben Kunersdorf in Europa sowie Québec in Kanada, das britische Truppen 1759 von den Franzosen erobern konnten, oder Plassey in Indien, wo die Streitkräfte der Britischen Ostindien-Kompanie 1757 den letzten unabhängigen Herrscher von Bengalen schlugen. Dennoch kam es im Siebenjährigen Krieg nicht zu der einen Entscheidungsschlacht, also dem einen Moment, der einen ganzen Krieg entschied und darin auch von allen Kriegsparteien anerkannt wurde. Kein Gefecht zwischen 1757 und 1763 hatte so fundamentale Konsequenzen, als dass der Krieg nach der nächsten Winterpause nicht hätte fortgesetzt werden können. Gerade die preußische Niederlage von Kunersdorf war ein besonders eindrückliches Beispiel für die Fähigkeit zur militärischen Regeneration in relativ kurzer Zeit. Entgegen seiner pessimistischen Einschätzung am Ende der Schlacht verfügte der preußische König innerhalb weniger Monate erneut über einsatzfähige Truppen, auch wenn das preußische Militär nach der Niederlage die Ressourcen für große offensive Operationen einbüßte.[3]

In der Endphase des Siebenjährigen Krieges entwickelte sich an vielen Orten ein Stellungskrieg, in dem alle Seiten eine verlustreiche Schlacht bewusst vermieden.[4] Damit versuchten die Kommandeure, eigene Ressourcen wo immer möglich zu schonen und gleichzeitig die Mittel zu erhalten, um militärisch jederzeit handlungsfähig zu bleiben. Genau dieser Einsatz der Gewalt unterhalb der äußersten Zuspitzung, der vereinzelt auch mit der Praxis des «kontrollierten Exzesses» einhergehen konnte wie in den Übergriffen österreichischer Truppen in Landshut 1760 oder britischer Einheiten in Manila 1762, verlängerte den Krieg.[5] Er erwies sich als enorme Belastung für die Bevölkerung und entsprach jedenfalls nicht dem Ideal einer «gezähmten Bellona», eines begrenzten Staatenkrieges, in dem sich alle Kriegsparteien bemühten, die Zivilbevölkerung zu schonen.[6] Weil die Zeitgenossen des 18. Jahrhunderts den häufig nicht eindeutigen militärischen Erfolg am ehesten anhand des von einer Seite behaupteten Territoriums bestimmten, traten diese Ziele in der Endphase des Konflikts ab 1760 immer stärker in den Vordergrund. Durch Belagerungen und kleinere Gefechte versuchten die Truppen, so viele Gebiete wie möglich unter ihre Kontrolle zu bringen und damit die eigene Position in absehbaren Friedensverhandlungen zu verbessern. Das alles hielt den Krieg am Leben.[7]

Wie lang und widersprüchlich die Wege in den Frieden in längeren Kriegen ohne eine frühe, von allen Parteien in ihrem Ergebnis anerkannte Entscheidungsschlacht sein konnten, zeigten auch die Konflikte zwischen dem revolutionären und napoleonischen Frankreich und seinen europäischen Nachbarn zwischen 1792 und 1815.[8] Dazu gehörten Taktiken der gegenseitigen Zermürbung, ein Zickzackkurs mit begrenzten militärischen Ergebnissen, ein unentschiedenes Vor und Zurück sowie in der Endphase auch ein Nebeneinander möglicher erster Sondierungen und der Bereitschaft, die Gewalt immer wieder situativ zuzuspitzen, solange der militärische Ausgang noch offen war. Allerdings widersprach diese Praxis der zeitgenössischen Wahrnehmung dieser Kriege. Der preußische General und Kriegstheoretiker Carl von Clausewitz erkannte in ihnen einen ganz neuen Charakter. Seit dem Ausbruch der Französischen Revolution seien Kriege zu einer «Sache des Volkes» geworden. Indem die Kriegsparteien alle verfügbaren militärischen und zivilen Ressourcen heranzögen, greife der Kampf auf immer mehr Bereiche der Gesellschaft über, die man bisher versucht habe zu schonen. So nähere sich der Krieg dem Ideal des «absoluten Krieges» an.[9]

Die Napoleonischen Kriege entwickelten ihre eigene ungeplante Dynamik. Eine Eroberung der Iberischen Halbinsel war lange so nicht vorgesehen gewesen, und erst die Lücken in der gegen Großbritannien gerichteten Kontinentalsperre erzwangen 1807 eine militärische Intervention, die in die «guerilla», den blutigen Kampf mit lokalen Milizen, mündete. Doch obwohl es hier oder in Russland 1812 zu einer Zuspitzung der Gewalt kam, entsprachen die Feldzüge zwischen 1792 und 1815 weniger «totalisierten» Kriegen, sondern standen eher in der Tradition des 17. und 18. Jahrhunderts. Das Bild der Napoleon loyal bis in den Tod ergebenen Soldaten, die wie die Mitglieder der Kaiserlichen Garde bei Waterloo auch in einer militärisch ausweglosen Lage die Kapitulation abgelehnt hätten, trog insofern. Es mochte die Nachfrage des Publikums nach suggestiven Narrativen bedienen. Aber jenseits der publizistischen Verarbeitung der Kriegserfahrungen entwickelte sich zwischen 1792 und 1815 kein fanatisierter Volks- und Nationalkrieg, der im Zeichen der Identifikation des Einzelnen mit der Nation jeden Kompromiss zwischen den Gegnern von vornherein ausgeschlossen hätte. Nicht das zugespitzte Ringen bis zum ultimativen Kriegsopfer dominierte diesen Prozess, wie es etwa der im Zweiten Weltkrieg von den Nationalsozialisten produzierte «Kolberg»-Mythos nahelegte. Charakteristisch waren vielmehr häufig unterbrochene Kampfhandlungen, die Suche nach Kompromissen und lokalen Verhandlungslösungen, etwa als britische Kommandeure nach dem Sieg über die Truppen Napoleons bei der Einnahme der portugiesischen Stadt Sintra 1808 den Abzug von 20 000 Franzosen aus Portugal zuließen, um weitere Kämpfe zu vermeiden, was in Großbritannien massive Kritik und einen Skandal provozierte.[10]

Während in den ab 1815 einsetzenden publizistischen Stilisierungen und Kriegserinnerungen das Motiv der heroischen Entscheidungsschlacht dominierte, erwiesen sich lediglich Austerlitz 1805, Wagram 1809 und Waterloo 1815 als eindeutige Siege bzw. Niederlagen, während zahllose Kämpfe mit einem militärischen Patt endeten wie in Borodino 1812. Auch ein effektiver Rückzug konnte einen taktischen Gewinn bedeuten wie in Eylau 1807. Selbst nach der Katastrophe in Russland 1812 und der verlustreichen Völkerschlacht von Leipzig 1813 blieb Napoleon ein militärisch geschwächter, aber handlungsfähiger Gegner, der den Kommandeuren der europäischen Koalition umso gefährlicher erschien. Nach dem Untergang der Grande Armée konnte von einem Zusammenbruch der napoleonischen Kontinentalherrschaft keine Rede sein, und viele Verbündete zwischen Kopenhagen und Neapel blieben zunächst auf der Seite Frankreichs. Als französische Streitkräfte im Frühjahr 1813 erfolgreich gegenüber russischen und preußischen Truppen operierten, wies Napoleon den Gesandten des Königreichs Württemberg auf diese besondere Fähigkeit zur militärischen Regeneration hin: «Der Löwe ist so tot noch nicht, dass man ihm einen Fußtritt geben könnte.»[11]

Relativierte die Kriegspraxis also sowohl die Vorstellung von der einen entscheidenden Schlacht als auch von einer massenhaften und opferbereiten «Nation in Waffen», so kam der Kapitulation einzelner Soldaten oder Kontingente als rationale Reaktion auf langfristige Ermüdung, unzureichende Versorgung und die abnehmende Fähigkeit, Verluste zu kompensieren, sowie eine im Ergebnis militärisch ausweglose Situation eine besondere Bedeutung zu.[12] Deshalb stellten die Zahlen von Kriegsgefangenen am ehesten einen Gradmesser für den Durchhaltewillen und die Regenerationsfähigkeit des Militärs dar, und hier war die Erosion der napoleonischen Militärherrschaft im Laufe der Zeit unübersehbar. Stieg die Zahl französischer Kriegsgefangener in Großbritannien während des Krieges auf bis zu 500 000, waren es in Frankreich lediglich 21 000 Briten. Nach der preußischen Niederlage von Jena und Auerstedt 1806 war die hohe Zahl von über 5000 preußischen Offizieren und über 123 000 Unteroffizieren und Soldaten in französischer Gefangenschaft ein deutliches Symptom dafür, dass eine Fortsetzung des Kampfes für viele preußische Militärangehörige in diesem Moment keinen Sinn mehr hatte.[13]

Doch bedeutete diese Reaktion keine finale Kapitulation, sondern eher eine situative Reaktion auf die konkrete Niederlage. Als sich ab 1812 in Russland die Verwundbarkeit Napoleons erwies, nährte das erneut die Hoffnungen auf einen militärischen Sieg. Das bewies vor allem die Konvention von Tauroggen, mit der zwischen den preußischen Kontingenten der Grande Armée und Russland im Dezember 1812 ein Waffenstillstand abgeschlossen wurde. Preußische Truppen schieden damit aus dem erzwungenen Bündnis mit Napoleon aus. Auf dieser Grundlage kam es im Februar 1813 zum Bündnis mit Russland, das sich als entscheidende Voraussetzung für den antinapoleonischen Kampf erwies.[14]

Die Entscheidung, den Krieg fortzusetzen, solange man sich

noch eine militärische Chance ausrechnete, den Sieg zu erringen oder aber zumindest eine gute Ausgangsposition in absehbaren Friedensverhandlungen zu schaffen, wurde im frühen 19. Jahrhundert noch primär von Monarchen oder politischen und militärischen Eliten getroffen, ohne Rücksicht auf Meinungen und Stimmungen innerhalb der betroffenen Gesellschaften zu nehmen. Obwohl nationale Leitmotive in der öffentlichen Wahrnehmung und Begründung von Kriegen seit dem Ausgang des 18. Jahrhunderts eine immer größere Rolle spielten, stand die Fortsetzung der Kriege im Zeichen des rationalen Kalküls militärischer Fähigkeiten und der Beherrschung von Territorien. Als die europäischen Kriege im Juni 1815 mit dem Eingeständnis der Niederlage von Waterloo endeten, entwickelte sich auch nicht in Ansätzen ein französischer Volkskrieg gegen die alliierten Besatzungstruppen. Das unterstrich die unübersehbare Erschöpfung Frankreichs.

Die seit den 1850er Jahren folgenden Konflikte, der Krimkrieg um die Bewahrung des europäischen Gleichgewichts in Südosteuropa und am Schwarzen Meer und die Feldzüge zur Schaffung neuer Nationalstaaten in Italien und Deutschland, erwiesen sich als kurze Kriege, weil die Einsicht in die militärische Entscheidung relativ schnell erfolgte. Doch schon der Deutsch-Französische Krieg ließ in Ansätzen erkennen, dass selbst eine frühe Entscheidungsschlacht, die im September 1870 in Sedan mit dem Zusammenbruch des Zweiten Kaiserreichs und der Abdankung Napoleons III. endete, keine Garantie für einen schnellen, politisch definierten Frieden bedeutete. Es eröffnete einen Blick in die Zukunft, dass in diesem Krieg ein neuartiger Begründungszusammenhang für die Fortsetzung des Kampfes erkennbar wurde, als französische Republikaner sich auf die «défense nationale» beriefen. Nur das Kaiserreich und Napoleon III. seien in Sedan militärisch geschlagen worden, nicht aber die französische

Nation in ihrem Widerstandswillen.[15] Zudem sahen sich Bismarck und die preußisch-deutsche Militärführung angesichts des Aufstands der Pariser Kommune im Frühjahr 1871 damit konfrontiert, dass Staatenkrieg und innerfranzösischer Bürgerkrieg sich überlappten, was den Weg zum Frieden noch komplizierter machte, jedenfalls weitere Unwägbarkeiten mit sich brachte.[16] Die Ansätze eines Volkskrieges gegen die deutschen Besatzer mithilfe von Franctireurs spielten in der deutschen Kriegswahrnehmung jedoch eine größere Rolle als in der militärischen Praxis. Während die deutschen Armeen insgesamt 134 000 Mann in den Schlachten verloren, starben nur 1000 Soldaten und Offiziere in Kämpfen mit den Franctireurs. Eher wiederholte sich auch in diesem Krieg, dass 380 000 französische Kriegsgefangene im Februar 1871 ein untrügliches Zeichen für den erodierenden Durchhaltewillen des Militärs waren, nachdem die Soldaten den Glauben an einen Sieg Frankreichs verloren hatten. An diesem Modus der Kriegsbeendigung änderte die Rhetorik der nationalen Verteidigung der Dritten Republik nichts.[17]

Blickte man nicht nur auf die europäischen Kriege, sondern auch auf den Amerikanischen Bürgerkrieg, so markierten die 1860er und 1870er Jahre für die Frage der Kontrollierbarkeit von Kriegen ein wichtiges Scharnier.[18] Kaum jemand reflektierte diesen Übergang so genau wie Helmuth von Moltke, der 1857 Chef des preußischen Generalstabes geworden war und nach den preußischen Siegen von 1864, 1866 und 1871 als militärisches Genie verklärt wurde. Aber selbst in diesen kurzen Feldzügen prägte sich ihm die Erfahrung ein, wie schnell und weitgehend sich die Realität eines einmal ausgebrochenen Krieges von theoretischen Konzepten und Planungen entfernte. Moltke hielt einen Feldzug allenfalls in einer frühen Phase überhaupt für planbar. Deshalb sei es umso wichtiger, ihn mithilfe aller technischen und logistischen Möglichkeiten möglichst rasch zu entscheiden und damit jene Eigendynamik zu verhindern, die den Krieg potenziell unkontrollierbar werden ließ.[19]

Im Rückblick erkannte er im Krieg gegen Österreich 1866 einen besonders gelungenen Kabinettskrieg, in dem man übertriebene Gewalt zumal gegen die Zivilbevölkerung genauso verhindert habe wie eine Demütigung des Gegners. Nicht «aus Notwehr gegen die Bedrohung der eigenen Existenz» und auch nicht «durch die öffentliche Meinung und die Stimme des Volkes» entstanden, sei es vielmehr ein «im Kabinett als notwendig erkannter, längst beabsichtigter und ruhig vorbereiteter Kampf» gewesen. Der Feldzug sei entsprechend «nicht für Ländererwerb, Gebietserweiterungen oder materiellen Gewinn» geführt worden, sondern für eine erweiterte «Machtstellung» Preußens.[20]

Im Rückblick auf den Deutsch-Französischen Krieg von 1870/71 konzedierte Moltke, dass der kurze Krieg eine Ausweitung der Gewaltmittel notwendig mache: «Die größte Wohlthat im Kriege ist die schnelle Beendigung des Krieges und dazu müssen alle, nicht geradezu verwerfliche, Mittel frei stehen.» Hierzu zählte er nicht nur militärische Mittel, sondern ebenso Finanzen, Eisenbahnen, Lebensmittel und ausdrücklich auch das «Prestige». Obwohl dieses Prinzip sich 1870 innerhalb weniger Wochen als erfolgreich erwiesen habe, wies Moltke auf die potenzielle Gefahr hin, dass ein Volkskrieg die Gewalt verlängern könne.[21] In diesem Kontext war es im preußischen Hauptquartier im Herbst 1870 zu einer aufschlussreichen Diskussion gekommen, in der es um die Beendigung eines militärisch eigentlich entschiedenen Krieges ging. Der ehemalige Nordstaaten-General Philipp Sheridan, der im Auftrag der amerikanischen Regierung den Krieg in Europa beobachtete, sah Preußen am Beginn eines unabsehbaren Guerillakampfes. Auf eine ähnliche Situation hatten die Nordstaaten gegenüber den Konföderierten im Bürgerkrieg mit einer Praxis der verbrannten Erde reagiert, und so sollten nun auch die Preußen vorgehen: «Sie verstehen es einen Feind zu schlagen, wie keine andere Armee, aber ihn zu vernichten, das haben Sie noch nicht weg. Man muss mehr Rauch von brennenden Dörfern sehen, sonst werden Sie mit den Franzosen nicht fertig.» [22] Im preußischen Hauptquartier fand dies keinen Widerhall, weil die Kommandeure sich eine solche Gewaltpraxis nicht vorstellen konnten und dabei wohl auch die möglichen internationalen Reaktionen eine Rolle spielten.

Wie stark sich durch Aufrüstungen und Massenheere der Blick auf die Kontrollierbarkeit von Kriegen veränderte, bewies Moltkes letzte Rede als Reichstagsabgeordneter. Im Mai 1890, nur wenige Monate nach dem Rücktritt Bismarcks als Reichskanzler, argumentierte er, dass der Krieg der Zukunft ein existenzieller Kampf der Völker sein werde, in dem der Einfluss der Regierungen immer stärker unter Druck gerate. Die «Zeit der Kabinettskriege» sei vorbei, und die «Elemente, welche den Frieden bedrohen», lägen «bei den Völkern», so vor allem «die Begehrlichkeit der vom Schicksal minder begünstigten Klassen und ihre zeitweisen Versuche, durch gewaltsame Maßregeln schnell eine Besserung ihrer Lage zu erreichen». Hinzu kämen «gewisse Nationalitäts- und Rassenbestrebungen, überall die Unzufriedenheit mit dem Bestehenden». Angesichts massiver Aufrüstungen und der Bewaffnung von Millionenheeren rechnete Moltke mit einem unabsehbar langen Krieg, auf den sich das Muster eines schnellen Friedensschlusses wie 1864, 1866 und 1871 nicht mehr anwenden lasse: «Es sind die größten Mächte Europas, welche, gerüstet wie nie zuvor, gegeneinander in den Kampf treten; keine derselben kann in einem oder in zwei Feldzügen so vollständig niedergeworfen werden, dass sie sich für überwunden erklärte, dass sie auf harte Bedingungen hin Frieden schließen müsste, dass sie sich nicht wieder aufrichten sollte, wenn auch erst nach Jahresfrist, um den Kampf zu erneuern.»[23] Mit seinen unabsehbaren

Konsequenzen stellte der Krieg der Zukunft in Moltkes Augen auch die Grundlagen des Staates selbst infrage. Im Mittelpunkt stehe nicht mehr ein begrenztes Kriegsziel wie die Lösung des Dualismus 1866 oder territoriale Bestimmungen. Der künftige Krieg werde «um den Bestand des Reiches, vielleicht um die Fortdauer der gesellschaftlichen Ordnung und der Zivilisation, jedenfalls um Hunderttausende von Menschenleben» geführt.[24]

Moltkes Befürchtungen bestätigten sich zu einem großen Teil ab August 1914.[25] Auf den großen Krieg schienen die europäischen Mächte auf den ersten Blick nahezu perfekt vorbereitet, und die in den militärischen Stäben ausgearbeiteten minutiösen Pläne versprachen einen kurzen Krieg. Das war letztlich auch das Szenario, mit dem die militärischen Eliten in der Julikrise auf alle europäischen Politiker und Diplomaten einwirkten und das die meisten Abgeordneten bei der Bewilligung der Kriegskredite teilten, bevor die Parlamente in Erwartung eines Kriegsendes innerhalb weniger Wochen oder Monate vertagt wurden. In ganz Europa äußerten junge Männer nach den Kriegserklärungen ihre Befürchtung, sie könnten erst dann eingezogen werden, wenn der Krieg schon wieder vorbei wäre, und so um die Chance der Bewährung gebracht werden.

Der Krieg begann wie ein gigantisches Uhrwerk, das Planungssicherheit und Verlässlichkeit über den erwartbaren weiteren Verlauf suggerierte. Zum Symbol dafür wurden die Eisenbahnen, die allein in Deutschland während der ersten Mobilmachungsphase bis Mitte August in ca. 11 000 Zügen mehr als drei Millionen Soldaten und über 850 000 Pferde an die Front transportierten. Allein über die 1911 neu eingeweihte Hohenzollernbrücke in Köln gelangten etwa 2150 Züge nach Westen, im Durchschnitt alle zehn Minuten einer. Diese bis in die kleinsten Details geplante Mobilmachung versprach einen Triumph technischer Möglichkeiten und perfekter Organisation: «Es war ein Gefühl gemischt aus unbedingtem Vertrauen zum Gelingen, aus Stolz auf die Möglichkeit, die jahrelange theoretische Arbeit endlich einmal in die Wirklichkeit umsetzen zu können, und aus dem Bewusstsein, dass jeder, bis zum Arbeiter herab, seine Pflicht und Schuldigkeit tun würde […] Als dann am 1. August, 5 Uhr nachmittags der Sturm mit Ausspruch der Mobilmachung losbrach, da setzte sich die Maschine ganz automatisch in Gang mit überlegener, die Sache beherrschender Ruhe und froher Zuversicht.»[26]

Auf allen Seiten waren vor 1914 umfassende Pläne entworfen worden, die entscheidende Schlachten in der Frühphase des Krieges vorsahen. Das galt für den Schlieffen-Plan des deutschen Generalstabes, mit dessen Hilfe Frankreich innerhalb von sechs Wochen besiegt werden sollte, für den französischen Plan XVII, der einen großangelegten Frontalangriff auf Lothringen vorsah, oder für die russischen Aufmarschpläne gegen Ostpreußen und Galizien. Je detaillierter sich diese Planungen vor 1914 entwickelt hatten, je selbstbewusster die Militärs auf die Logik von Rüstungen und Mobilmachungen verwiesen und damit einen enormen Zeitdruck für Entscheidungen aufbauten, umso größer war die Fallhöhe, als sich der Krieg dann ganz anders entwickelte.[27] Denn praktisch alle Planungen scheiterten an der Realität. An der Westfront ging der Bewegungskrieg seit Ende 1914 in einen unabsehbar langen Stellungskrieg über, und damit zu einem Zeitpunkt, zu dem man in den Hauptstädten zunächst mit einem Kriegsende gerechnet hatte. Dieser Umschlag von hochgespannten Erwartungen in desillusionierende Erfahrungen kennzeichnete auch den Seekrieg. Die große projektierte Seeschlacht zwischen der britischen Royal Navy und der kaiserlichen Schlachtflotte blieb aus. Stattdessen schonten beide Seiten die teuren Schiffe, setzten wie in London auf die Blockade der deutschen Häfen oder wie in Berlin auf den Ausbau der U-Boot-

Waffe und ihren uneingeschränkten Einsatz, um den Krieg gegen die Handelsströme für sich zu entscheiden.[28]

Dieser Eigendynamik des Krieges hielt kein vor 1914 ausgearbeiteter Zeitplan mehr stand. Die Kluft zwischen Kriegsszenarien und der Wirklichkeit schlug sich bereits nach wenigen Monaten in vielfältigen Krisen nieder: An den Fronten fehlten für einen längeren Krieg schwere Waffen, Munition und andere kriegswichtige Güter, und in der Heimat erzwang die unabsehbar lange Abwesenheit von Millionen von Männern eine ganz neue Organisation des Arbeitsmarktes unter Einschluss von Frauen. Dazu kamen die Beschaffung von Rohstoffen, die Lebensmittelversorgung der Bevölkerung und die Finanzierung eines jetzt unabsehbar langen Krieges, die sich nicht mehr, wie in Deutschland ursprünglich geplant, mit den in der Spandauer Zitadelle gelagerten Goldreserven des Deutschen Reiches stemmen ließ.

Mit zunehmender Dauer des Krieges verstärkten sich die Hoffnungen auf immer neue mögliche kriegsentscheidende Momente. Jede neue Großoffensive, jeder Einsatz einer neuen Technologie stand in diesem Zeichen, ob in Gallipoli, vor Verdun, an der Somme oder in Galizien, ob durch den Einsatz von Giftgas, Feuerwalze, Bombenflugzeugen, U-Booten oder Tanks. Doch gleichzeitig erodierte im Laufe der Zeit der Glauben an diese Versprechen. Auf die permanenten Hinweise in den Briefen ihres Mannes, eines Stabsarztes an der Westfront, auf den sicher bald zu Ende gehenden Krieg reagierte die Hamburgerin Anna Treplin im September 1916 mit lakonischem Realismus: «Denn wenn es ja auch sehr nett von Dir ist, so konsequent an das uns seit 2 Jahren bekannte nahe Kriegsende zu glauben (wenigstens vergeblich!), so hat es nach meiner Ansicht nicht den geringsten Zweck, sich darüber irgend Illusionen zu machen.»[29]

Jeder Krieg sei ironisch, weil jeder Krieg schlimmer als zuvor erwartet sei, so das berühmte Diktum von Paul Fussell.[30] Wenn in den ersten Wochen des Krieges noch Reminiszenzen an Feldzüge des 19. Jahrhunderts auftauchten, etwa im Einsatz von Kavallerieeinheiten oder in der Verweigerung von Unterständen und Schützengräben, weil man fürchtete, der Feigheit der Soldaten Vorschub zu leisten, so nahmen die letzten Monate des Krieges ganz andere Gewalterfahrungen des 20. Jahrhunderts vorweg. Während der Krieg an der Westfront nun noch viel stärker ein Feldzug der Technologien und Ressourcen wurde, ging der Staatenkrieg in Russland in einen Bürgerkrieg über, in dem die Grenzen zwischen ideologisch, sozial und ethnisch begründeter Gewalt immer mehr verwischten.

Wie Planung, Prognose und dynamische Wirklichkeit immer wieder auseinanderfielen und damit den Formwandel des Krieges beschleunigten, ließ sich auch nach dem Ersten Weltkrieg beobachten.[31] Es zeigte sich etwa, als die deutschen Kommandeure im Zweiten Weltkrieg glaubten, auch gegen die Sowjetunion einen schnellen Sieg erreichen zu können wie gegen Polen 1939 und Westeuropa im Sommer 1940. Es galt auch für Japan, das sich vom Angriff auf Pearl Harbour im Dezember 1941 den entscheidenden Schlag gegen die Vereinigten Staaten erhoffte und sich alsbald mit einem langen Zermürbungskrieg im Pazifik konfrontiert sah. Auch nach 1945 setzten sich solche Erfahrungen in anderen Konstellationen fort, so für die Franzosen in Indochina und Algerien in den 1950er Jahren, für die Vereinigten Staaten in Vietnam und für die Sowjetunion ab 1979 in Afghanistan.

In Leo Tolstois Roman «Krieg und Frieden» lernt der Leser den russischen Marschall Kutusow nach Beginn der Schlacht gegen Napoleon als Melancholiker kennen, der im Gegensatz zur Euphorie der anderen Offiziere nicht der Hybris von perfekter Planung und sicherer Prognose verfällt. Es war kein Zufall, dass Carl von Clausewitz vor dem Hintergrund der Kriege des frühen 19. Jahrhunderts die Kontingenz als Hauptkennzeichen des Krieges hervorhob: «Der Krieg ist das Gebiet der Ungewissheit; drei Vierteile derjenigen Dinge, worauf das Handeln im Kriege gebaut wird, liegen im Nebel einer mehr oder weniger großen Ungewissheit. Hier ist es also zuerst, wo ein feiner, durchdringender Verstand in Anspruch genommen wird, um mit dem Takte seines Urteils die Wahrheit heraus zu fühlen [...] Der Krieg ist das Gebiet des Zufalls. In keiner menschlichen Tätigkeit muss diesem Fremdling ein solcher Spielraum gelassen werden, weil keine so, nach allen Seiten hin, in beständigem Kontakt mit ihm ist. Er vermehrt die Ungewissheit aller Umstände, und stört den Gang der Ereignisse.»[32] In diesem Nebel des Krieges wird die eben noch erhoffte Offenheit einer geplanten Zukunft zum Schreckensszenario, weil wir häufig wenig über die Potenziale der Gewalt, über Eskalationsgefahr oder Deeskalationsmöglichkeit, über die Tragfähigkeit von Ordnungsvorstellungen, die Resilienz von Gesellschaften und noch weniger über die Welt wissen, die langfristig aus einem Krieg erwachsen wird.[33] Mit dieser Unsicherheit müssen Gesellschaften rechnen, und sie müssen sie aushalten – ohne auf vermeintlich sichere Auswege zu vertrauen, die häufig den eigenen Hoffnungen und Wünschen entspringen, aber der nüchternen Analyse von Kriegsdynamiken nicht standhalten.

III. Die Suche nach dem richtigen Ausgang

Ein «fauler Frieden» kann den Krieg verlängern.

Am Ende half keine noch so große Konzession. Schon die Friedensbedingungen am Ende des Zweiten Punischen Krieges zwischen der aufstrebenden Römischen Republik und der nordafrikanischen See- und Handelsmacht Karthago waren 201 v. Chr. drakonisch gewesen. Karthago verlor alle Territorien außerhalb Afrikas, wo es keine Kriege mehr führen durfte. Innerhalb Afrikas konnte es nur noch mit Erlaubnis Roms militärisch operieren. Nachdem sich Karthago ab 153 v. Chr. militärisch gegen permanente Annexionen Massinissas, des Herrschers der nordafrikanischen Numider, gewehrt hatte, nutzte Rom diese Gelegenheit. Mit dem Argument, Karthago habe die Friedensbestimmungen gebrochen, beschloss man 150 v. Chr., die Stadt vollständig zu zerstören. Karthagische Gesandte hofften zunächst noch auf ein Entgegenkommen, doch der Römische Senat forderte die bedingungslose Kapitulation, eine «deditio in fidem». Darüber hinaus sollte der unterlegene Gegner 300 Söhne der vornehmsten Familien als Geiseln innerhalb eines Monats nach Sizilien senden. Doch auch nachdem die Karthager diese Bedingungen erfüllt hatten, setzte Rom nach. Jetzt erklärte der Senat, den Frieden nur dann zu akzeptieren, wenn die Stadt alle Waffen und kriegswichtigen Güter ausliefern würde.

Doch nachdem Karthago diese Konzession akzeptiert hatte, brach Rom erneut sein Versprechen und forderte nun, dass alle Karthager ihre Stadt verlassen und sich weiter im Landesinneren neu ansiedeln sollten. Erst jetzt widersetzten sich die Karthager, doch ohne wirksame Waffen und angesichts einer römischen Blockade der Land- und Seewege war das Schicksal der hungernden Stadt besiegelt. Nach mehrtägigen Kämpfen eroberten römische Truppen 146 v. Chr. die Burg, zerstörten die Stadt komplett und nahmen über 50 000 Bewohner als künftige Sklaven gefangen.[1]

Das Bild eines verfrühten Friedens, der einen Krieg nur zeitweise unterbricht, den Konflikt aber nicht grundlegend entschärft und sich am Ende als temporärer Waffenstillstand erweist, ist alt.[2] Allerdings ist es immer das Ergebnis einer retrospektiven Logik, ob es sich um einen dauerhaften Frieden oder einen trügerischen Waffenstillstand handelt. Diese Erkenntnis erschließt sich erst aus dem Wissen um den Fortgang der Ereignisse: ob die Eindämmung des Konflikts gelingt oder scheitert, ob er weiter schwelt oder zeitnah in einen neuen Krieg oder die Fortsetzung des früheren Kampfes mündet. Als klassisches Beispiel für einen «faulen Frieden», auf den man sich in der Deutung von Krieg und Frieden in den folgenden Jahrhunderten immer wieder bezog, gilt der sogenannte Nikias-Frieden, der 421 v. Chr. zwischen Athen und Sparta geschlossen wurde und den Peloponnesischen Krieg beenden sollte.[3]

Den Hintergrund für diesen epochalen Konflikt zwischen Athen und dem Attischen Seebund einerseits und Sparta und dem Peloponnesischen Bund andererseits bildete der Aufstieg Athens in den 50 Jahren nach 480 v. Chr., als die Athener und ihre Verbündeten das Perserreich in der Seeschlacht von Salamis besiegt hatten. Als Konsequenz verschoben sich die Machtverhältnisse innerhalb Griechenlands immer stärker zulasten Spartas und seiner Verbündeten. Als Athen schließlich Korfu in einem Konflikt mit Korinth unterstützte und ein attisches Handelsembargo gegen Megara durchsetzte, kam es 431 v. Chr. zum offenen Konflikt mit Sparta und seinen Verbündeten. Setzte der athenische Staatsmann Perikles zunächst auf die Stärke Athens im Seekrieg gegen die Küsten der Peloponnes, verfolgte sein Nachfolger Kleon einen zunehmend aggressiven Kurs. Immer höhere Forderungen Athens machten einen Ausweg unwahrscheinlich, der sich zuletzt 424 v. Chr. anlässlich der Gefangennahme von 180 Spartiaten auf der Insel Sphakteria angeboten hatte. Erst als mit Kleon und dem Spartaner Brasidias die beiden wichtigsten Repräsentanten einer aggressiven Kriegführung auf beiden Seiten 422 v. Chr. in der Schlacht von Amphipolis gefallen waren, schien eine Verständigung möglich.

Schon vor dem Friedensschluss hatte der athenische Politiker und Heerführer Nikias auf einen Kompromiss mit Sparta gedrungen. Doch erst die neue Situation nach der Schlacht von Amphipolis führte zu konkreten Verhandlungen mit dem spartanischen König Pleistoanax. Der schließlich im April 421 v. Chr. abgeschlossene Frieden wurde auf 50 Jahre befristet und orientierte sich im Kern am territorialen und politischen Status quo vor Beginn des Krieges. Neben dem Austausch besetzter Gebiete zwischen Athen und Sparta sah er auch die Freilassung von Gefangenen und einen freien Zugang zu den panhellenischen Heiligtümern vor. Doch beseitigte der Friedensschluss nicht die strukturellen Gegensätze und ließ vor allem die Interessen der mit Athen und Sparta Verbündeten unberücksichtigt. So verlor das mit Sparta verbündete Megara einen wichtigen Hafen, während Korinth die ihm in Aussicht gestellten Gewinne nicht erhielt und daher seine Zustimmung zu dem Friedensschluss verweigerte. Hier sah man die Annäherung zwischen den beiden griechischen Großmächten mit großer Skepsis. Als dem Frieden sogar ein Bündnis zwischen Athen und Sparta folgte, orientierte sich Korinth neu, wie Thukydides berichtet: «Die Korinther [...] wandten sich nach Argos und sprachen zuerst mit einigen der argivischen Oberbeamten: Nachdem Sparta nicht zum Nutzen, sondern zur Unterwerfung der Peloponnes einen Frieden und ein Bündnis mit den einst so verhassten Athenern geschlossen habe, müsse Argos nun für die Rettung der Peloponnes sorgen und einen Beschluss fassen, in dem es jede griechische Stadt, die wolle, wenn sie nur frei sei und gleiches Recht gewähre, einlade, mit Argos ein Bündnis zum gegenseitigen Schutz zu schließen.»[4]

Wie groß das Misstrauen zwischen den wichtigsten Akteuren trotz des Friedensschlusses und des formalen Bündnisses weiterhin war, zeigte sich bei der Durchführung der Vertragsbestimmungen. Obwohl man per Los entschieden hatte, dass Sparta mit der Räumung besetzter Gebiete beginnen sollte, weigerten sich dessen Heerführer, die Stadt Amphipolis zu räumen. Als Reaktion darauf verblieben die Truppen Athens in Pylos. So erodierte der Frieden innerhalb von nur drei Jahren, und bereits 418 v. Chr. kam es zu neuen Auseinandersetzungen, die schließlich 413 v. Chr. erneut in einen offenen Krieg mündeten, in dem Athen schließlich unterlag.[5]

Im Falle Karthagos signalisierten die einseitigen Konzessionen eine Schwäche, die in Rom die Aussicht auf immer weiteres Entgegenkommen weckte und daher auch immer neue Forderungen provozierte. An deren Ende stand die Kapitulation und Vernichtung des nordafrikanischen Konkurrenten. Im Konflikt zwischen Athen und Sparta war es dagegen nicht eine ausgesprochene Asymmetrie der Kriegsparteien, die den Frieden als verfrüht und fragil entlarvte. Vielmehr schwächten das fortgesetzte gegenseitige Misstrauen, die fehlende Bereitschaft, die Bestimmungen konkret umzusetzen, sowie die Enttäuschung ehemaliger Verbündeter über den Ausgleich die Glaubwürdigkeit des Friedensschlusses.

Der «faule Frieden» entstand also in ganz unterschiedlichen Konstellationen. Die Friedensbereitschaft konnte einseitig sein, weil nur eine Seite wegen einer militärischen Niederlage weitgehende Konzessionen anbot und die andere Seite auf vollständige Vernichtung setzte. Sie konnte aber auch bloß taktischem Kalkül folgen und wegen Misstrauen und der Aussicht auf militärische Fortschritte auf beiden Seiten gering ausgeprägt sein. Diese Problematik stand auch hinter den Versuchen, nach 1800 einen Ausweg aus den seit 1792 fast ununterbrochenen Kriegen in Europa zu finden. Auf den ersten Blick schien der Frieden von Lunéville, abgeschlossen zwischen Frankreich und dem Heiligen Römischen Reich im Februar 1801, eine grundlegende Stabilisierung zu markieren, die Friedrich Hölderlins berühmtes Gedicht «Friedensfeier» als Beginn einer neuen Epoche menschheitlicher Gerechtigkeit überhöhte und damit das nach fast zehn Jahren Krieg große Bedürfnis nach Frieden widerspiegelte.

Seit 1793 hatten die Revolutionsregierungen Frankreichs sich auf das seit der Expansionspolitik Ludwigs XIV. traditionelle Ziel «natürlicher Grenzen» zwischen Frankreich und dem Heiligen Römischen Reich konzentriert. Tatsächlich war es bis zur Mitte der 1790er Jahre gelungen, durch die Annexion linksrheinischer Gebiete den Rhein als eine solche Grenze durchzusetzen. Zunächst hatte die preußische Regierung im Frieden von Basel im April 1795 diese Grenze anerkannt, um im Vorfeld der dritten Teilung Polens eigene Territorialinteressen weiter verfolgen zu können – ein klassisches Beispiel für die Praxis territorialer Kompensation im Kontext konkurrierender Interessen. Zwei Jahre später bestätigte auch der römisch-deutsche Kaiser Franz II. in den Geheimartikeln des Friedens von Campo Formio die französischen Annexionen, während die dadurch depossedierten deutschen Fürsten durch Kirchenbesitz auf der rechten Rheinseite entschädigt werden sollten. Diese Einleitung zur Säkularisation stellte die Struktur des Heiligen Römischen Reiches grundlegend infrage.[6]

Der Eindruck, dass mit dem Frieden von Lunéville, der den Bestimmungen von Campo Formio enstprach, die Basis für eine grundlegende Neuordnung für Europa und darüber hinaus geschaffen war, verstärkte sich noch angesichts des 1802 mit Großbritannien abgeschlossenen Friedens von Amiens. Seine Bestimmungen verknüpften europäische und globale Aspekte im Sinne eines französisch-britischen Interessenausgleichs. Während Frankreich Ägypten, Neapel und den Kirchenstaat räumen sollte, verpflichtete sich Großbritannien, wichtige koloniale Eroberungen an Frankreich und Malta an den Malteserorden zurückzugeben. Der territoriale Bestand des Osmanischen Reiches sollte garantiert werden. Mit den Dokumenten von Lunéville und Amiens und parallel abgeschlossenen Verträgen mit Neapel, Russland und dem Osmanischen Reich schien nicht allein der Frieden wiederhergestellt. Faktisch bestätigten die europäischen Mächte alle wichtigen Eroberungen der französischen Republik seit 1792 und damit indirekt auch das Konzept der «natürlichen Grenzen». Mit den Friedensverträgen von 1801 und 1802 erkannten die europäischen Mächte aber auch die unter französischer Regie entstandenen «Schwesterrepubliken» etwa in Italien und auf dem Gebiet der Niederlande an. Damit akzeptierte man in den europäischen Hauptstädten nicht allein den Export der Revolutionsprinzipien, sondern auch die Entstehung eines territorialen Vorfelds und französisch dominierter Interessensphären.[7]

Doch warum gelang trotz dieser großen Konzessionen der europäischen Nachbarn nach 1801/02 kein dauerhafter Frieden und eine territoriale Saturierung Frankreichs, dessen Eliten sich auf dieser Grundlage der politischen und sozialen Stabilisierung einer postrevolutionären Gesellschaft hätten zuwenden können? Ein entscheidender Faktor lag in den unvereinbaren Erwartungen, die beide Seiten mit den Friedensbestimmungen verknüpften. Hinter ihnen standen nicht nur unterschiedliche Konzepte internationaler Ordnung, sondern auch antagonistische Herrschaftslogiken. In den Augen der Repräsentanten der europäischen Mächte setzten die Friedensverträge von 1801/02 die außenpolitische Praxis und die Tradition des Gleichgewichtsdenkens fort. Sie hofften, damit eine von Frankreich ausgehende hegemoniale Destabilisierung zu verhindern und zurück in die Bahnen territorialer Ausgleiche zu kommen. Dieser Gedanke drängte sich angesichts der nur wenige Jahre zurückliegenden letzten Teilung Polens geradezu auf. Wenn die Teilungsmächte Russland, Preußen und Österreich 1793 und 1795 profitiert hatten und die durch die Säkularisation von Kirchenbesitz zu erwartende Neuordnung des Heiligen Römischen Reiches eine relative Stärkung Preußens und Österreichs erwarten ließ, dann bedeutete die Anerkennung der französischen Eroberungen, das notwendige Gleichgewicht auf dem europäischen Kontinent wiederherzustellen.[8]

Doch der Erste Konsul und kommende Kaiser der Franzosen nahm diese Verträge ganz anders wahr. Napoléon Bonaparte verzichtete bewusst darauf, den Friedensvertrag mit Großbritannien durch einen Handelsvertrag zu ergänzen, sodass praktisch alle während des Krieges eingeführten wirtschaftspolitischen Einschränkungen gegenüber London weiter in Kraft blieben, was das Misstrauen britischer Diplomaten und Militärs provozierte. Dahinter stand die Überzeugung Napoleons, dass allein militärische Expansionen seinen Herrschaftsambitionen nach innen und außen zum Erfolg verhelfen konnten. Dabei war er sich des entscheidenden Unterschieds zwischen der Rechtfertigung seiner eigenen Herrschaft und der Legitimität etablierter Monarchien bewusst. Fürsten aus jahrhundertealten Dynastien, die sich auf das Gottesgnadentum ebenso berufen konnten wie auf politisch-soziale Hierarchien und aus ihnen rekrutierte Eliten, wurden jedenfalls nicht wie der soziale Aufsteiger Bonaparte am radikalisierten Erfolgskriterium des Krieges gemessen. Er verdankte seine Position militärischen Erfolgen und brauchte diese weiterhin, um sich auf dieser zu halten: «Ein Erster Konsul gleicht nicht diesen Königen von Gottes Gnaden, die ihre Staaten wie ein Erbstück betrachten; er braucht aufsehenerregende Taten, und das bedeutet Krieg».[9] Diese Unfähigkeit zur Mäßigung sollte zum eigentlichen Leitmotiv in Napoleons weiterer Biographie werden, die am Ende seiner Herrschaft unübersehbar in eine immer stärker personalisierte Weltsicht, eine regelrechte Parallelisierung von Person und Geschichte und eine damit verbundene Realitätsverweigerung mündete. Als er im März 1815 aus dem erzwungenen Exil nach Frankreich zurückkehrte, äußerte er sich entsprechend gegenüber Benjamin Constant: «Ich habe die Herrschaft über die Welt gewollt [...] Die Welt forderte mich auf, sie zu regieren; Herrscher und Untertanen wetteiferten darin, sich unter mein Zepter zu stellen.»[10]

Die Glaubwürdigkeit des Friedensschlusses wurde zudem wie in den Konflikten des antiken Griechenlands durch gegenseitiges Misstrauen unterhöhlt, was sich an der unvollständigen, verzögerten oder verhinderten Umsetzung der konkreten Bestimmungen zeigte. Bereits 1801/02 erwies sich Napoleon als unfähig, die Aufteilung zwischen einer kontinentalen Machtposition Frankreichs und einer maritimen Dominanz Großbritanniens zu akzeptieren. Auf britischer Seite waren es vor allem geopolitische Interessen, die einer Anerkennung des Status quo entgegenstanden. Für die Kontrolle des südöstlichen Mittelmeers kam zumal der Insel Malta große Bedeutung zu. London war nicht bereit, eine so wichtige maritime Versorgungsstation aufzugeben. Am Ende wurde praktisch keine der Bestimmungen des Vertrages von Amiens vollständig erfüllt, und schon ab Mitte Mai 1803 flammte der Krieg zwischen Großbritannien und Frankreich erneut auf.[11]

Die «faulen Friedensschlüsse» von 1801/02 waren noch in relativ symmetrischen Machtkonstellationen entstanden. Das änderte sich, weil ab 1804 die weitere politische und militärische Entwicklung immer stärker im Zeichen der Personalisierung von Napoleons Herrschaft und ihrer imperialen Ansprüche stand. Das am Horizont erkennbare Ziel einer napoleonischen Universalmonarchie entfernte sich immer weiter vom antimonarchischen und partizipativen Politikverständnis der 1790er Jahre. Dem entsprach der Weg von der Proklamation des Kaiserreichs am 18. Mai und der Krönung Napoleons zum Kaiser am 2. Dezember 1804 über die Krönung zum König von Italien im März 1805 bis zur Errichtung napoleonischer Herrschaftsgebiete. Dafür griff der Kaiser auf Mitglieder seiner eigenen Dynastie zurück, so in Neapel, Holland, in den Modellstaaten Berg und Westfalen wie auch in Spanien. Die Kriege ab 1805 dienten dazu, diese imperial gedachte Monarchie in die Wirklichkeit umzusetzen, so 1805 gegen Österreich und Russland, 1806/07 gegen Preußen und Russland, 1809 wieder gegen Österreich, und 1812 schließlich in einer großen militärischen Kampagne mit 600 000 Soldaten gegen das Zarenreich.[12]

Die jetzt viel stärker hervortretende Asymmetrie begründete die Fragilität der Friedensschlüsse. Faktisch wandten sich diese Feldzüge weniger gegen kontinentaleuropäische Konkurrenten Frankreichs als vielmehr gegen die potenziellen Allianzpartner Großbritanniens. Dieser Fokus erklärte auch den enormen Aufwand, mit dem Napoleon die Kontinentalsperre als moderne Form des Wirtschaftskrieges gegen Großbritannien umzusetzen suchte. Die Friedensverträge, die aus diesen Feldzügen resultierten, setzten ganz anders als 1801/02 nicht einmal mehr im Ansatz auf Ausgleichsbemühungen, sondern stellten Diktate mit weitgehenden territorialen Abtretungen nach militärischen Siegen Frankreichs dar. Das galt für die Verträge von Pressburg 1805 mit Österreich, von Tilsit 1807 mit Preußen und von Wien und Schönbrunn 1809 erneut mit Österreich.

Wie weit die Bereitschaft zur Demütigung der Gegenseite dabei ging, ließ sich 1807 in Tilsit beobachten, als Napoleon den preußischen König nach der vernichtenden Niederlage der preußischen Truppen bei Jena und Auerstedt in die Rolle eines Bittstellers drängte und die Möglichkeit in Betracht zog, den preußischen Staat komplett aufzulösen. Ergänzt durch die von Paris erzwungene Kündigung von Allianzen und das Verbot künftiger Bündnisse wurden die internationalen Handlungsmöglichkeiten der Unterlegenen enorm eingeschränkt.

Doch provozierte dieses Vorgehen eine entscheidende Konsequenz, die Napoleon kaum einkalkulierte. Denn als Reaktion auf die Friedensverträge verfestigte sich nicht allein die Empörung der kontinentaleuropäischen Regierungen der unterlegenen Staaten, an der auch die Heirat Napoleons mit einer Tochter des österreichischen Kaisers 1810 nichts zu ändern vermochte. Vor allem wandten sich nun auch immer größere Teile der von Besatzung und kriegsstaatlichen Maßnahmen betroffenen Gesellschaften gegen die napoleonische Herrschaft. Die um sich greifende Forderung nach einer Revision der Friedensverträge unterstrich, dass man die militärische Überlegenheit Napoleons allenfalls temporär akzeptierte. Die mit Frankreich abgeschlossenen Verträge erschienen bereits den Zeitgenossen lediglich als Waffenstillstände, erzwungen unter dem Eindruck militärischer Niederlagen. Im Vordergrund stand nun das Motiv, durch die Verträge eine politische und militärische Atempause für Regeneration oder, wenn nötig, wie in Preußen für innere Reformen zu gewinnen, bevor man bei günstiger Gelegenheit den Kampf gegen Napoleon wiederaufnehmen konnte.[13]

Die europäischen Kriege zwischen dem Wiener Kongress und den Schüssen von Sarajewo, vom Krimkrieg 1853/56 bis zu den militärischen Konflikten um die Schaffung der neuen Nationalstaaten Italien und Deutschland zwischen 1859/61 und 1870/71, zeichneten sich dagegen dadurch aus, dass es relativ bald zu militärischen Entscheidungen kam, die im Kern auch von der unterlegenen Seite anerkannt wurden. Das war für die russische Führung nach der Eroberung der Festung Sewastopol im September 1855 der Fall. Nachdem der neue Zar Alexander II. Ende 1855 auf die Krim gereist war und sich einen Eindruck von der militärischen Situation verschafft hatte, blieb angesichts der diplomatischen Isolation seines Landes keine andere Alternative als eine Friedenssondierung. 1859/60 sah sich die Habsburgermonarchie in den Schlachten von Magenta und Solferino von den verbündeten Truppen der Italiener und Franzosen herausgefordert. Militärische Verluste, vor allem aber die internationale Isolation der Monarchie, die preußische Konkurrenz im Deutschen Bund, die nach 1848/49 erneut drohende Sezession der Ungarn sowie die katastrophale Finanzsituation schränkten den Handlungsspielraum der Monarchie massiv ein. Die Wiener Regierung konnte sich eine langwierige Fortsetzung des Krieges schlicht nicht leisten, wenn sie nicht ihre Existenz riskieren wollte. Hinter der avisierten Friedensbereitschaft stand jedenfalls kein taktisches Kalkül, mit dem die Akteure wie bei einem «faulen Frieden» darauf gesetzt hätten, den Kampf bei nächster Gelegenheit fortzusetzen.[14]

Auch in den drei Kriegen, mit denen die preußische Führung unter Otto von Bismarck gegen Dänemark 1864, gegen Österreich und seine Verbündeten im Deutschen Bund 1866 und schließlich als Führungsmacht des Norddeutschen Bundes im Bündnis mit den süddeutschen Staaten 1870 gegen Frankreich kämpfte, gelangen frühe Erfolge in Entscheidungsschlachten. Deren Ergebnisse wurden von den Führungen in Kopenhagen, Wien und von Napoleon III. akzeptiert, obwohl dieses Ideal des kurzen Krieges mit einem politischen Primat der Friedenssondierung Ende 1870 in Frankreich an eine Grenze geriet. Dennoch blieb auch der Deutsch-Französische Krieg am Ende noch im Rahmen eines relativ kurzen Konflikts, der nicht in einen unabsehbar langen Zermürbungskrieg mündete. Bei allen sonstigen Unterschieden verband das die Siege von Düppel, Königgrätz und Sedan. So verhinderte die besondere Konstellation aus relativ kurzen Feldzügen, frühen und im Ergebnis eindeutigen militärischen Entscheidungen und ausbleibender Involvierung internationaler Akteure, dass zwischen 1853 und 1871 Friedensschlüsse lediglich als taktische Pausen zur Regeneration eingesetzt wurden, während die militärischen Ergebnisse Hoffnungen der Unterlegenen auf einen noch möglichen Siegfrieden nicht zuließen. Die realistische Einsicht in die Erschöpfung der eigenen Ressourcen einerseits und der Wille der Sieger andererseits, so schnell wie möglich zu einer politischen Lösung zu gelangen, ebneten den Weg vom Krieg in den Frieden. Obwohl Bismarck 1871 die Gefahr erkannte, dass die preußisch-deutschen Ziele gegenüber Frankreich zu weit gehen und die künftige internationale Position des Kaiserreichs damit belasten könnten, unterschieden sich die Wege in den Frieden zwischen 1864 und 1871 von den Napoleonischen Kriegen vor allem durch ihre im Kern begrenzteren Kriegsziele, die jedenfalls nicht die Existenz des Unterlegenen infrage stellten.[15]

Diese Konstellation wiederholte sich im Ersten Weltkrieg nicht. Nachdem es weder 1914 zu Entscheidungsschlachten noch 1915 zu kriegsentscheidenden Offensiverfolgen gekommen war und auch die großen Materialschlachten 1916 nicht den erhofften Übergang vom Stellungs- in den Bewegungskrieg und damit eine Entscheidung im Westen erbracht hatten, entwickelten sich seit Ende 1916 unterschiedliche Friedensanläufe.[16] Keine dieser Initiativen war am Ende erfolgreich, aber ihre Analyse erlaubt es exemplarisch, die unterschiedlichen Kalküle hinter signalisierter Friedensbereitschaft zu analysieren. Als die deutsche Reichsregierung unter Reichskanzler Theobald von Bethmann Hollweg im Dezember 1916 eine Note an die Vereinigten Staaten mit dem Angebot von Friedensverhandlungen sandte, geschah das aus einer Position der militärischen Stärke nach der Verabschiedung des deutschen Hilfsdienstgesetzes und angesichts des militärischen Sieges über Rumänien. Zu weitergehenden Konzessionen war die deutsche Führung nicht bereit. Keinesfalls wollte man ein Zeichen der möglichen Schwäche aussenden, was bei den Gegnern, so das Kalkül, eher die Bereitschaft verstärken könnte, den Krieg auf jeden Fall fortzusetzen, weil die Aussicht auf einen eigenen militärischen Sieg durch das Eingeständnis der Gegenseite nun größer war. Die von der Entente und den Vereinigten Staaten geforderte Wiederherstellung Belgiens lehnte man ab und sah in dem Land eher ein Pfand für künftige Friedensverhandlungen, während eine Rückgabe Elsass-Lothringens für die deutsche Regierung Ende 1916 undenkbar war. Auch der Vorstoß des amerikanischen Präsidenten Woodrow Wilson Ende 1916 führte zu keinem Ergebnis, denn die militärische Führung in Berlin beschäftigte sich zu diesem Zeitpunkt bereits mit der Möglichkeit, den maritimen Krieg durch einen verschärften U-Boot-Einsatz für Deutschland zu entscheiden, selbst wenn man damit einen Kriegseintritt der Vereinigten Staaten riskierte.[17]

Lief die deutsche Position 1917 auf das Kalkül eines weiterhin möglichen Sieges hinaus, entsprang die Friedensinitiative des neuen österreichischen Kaisers Karl der Einsicht in die unübersehbare Erschöpfung der Habsburgermonarchie und ihre wachsende Abhängigkeit von Berlin.[18] Ohne Absprachen mit dem deutschen Verbündeten nahm er im März 1917 über seinen Schwager Prinz Sixtus von Bourbon-Parma, den Bruder der Kaiserin Zita, der als Offizier in der belgischen Armee diente, Kontakt mit dem französischen Staatspräsidenten Poincaré auf. In ihnen sprach er separate Friedensverhandlungen für Österreich-Ungarn an und zeigte Verständnis für die alliierten Forderungen nach einer Rückgabe Elsass-Lothringens. Zwischen der Habsburgermonarchie und Frankreich existierten, so Karl, keine unüberwindbaren Interessengegensätze.[19] Dass nicht nur auf deutscher, sondern auch auf französischer Seite keine echte Bereitschaft für einen Ausweg aus dem Krieg existierte, erwies sich, als die französische Regierung die Briefe im Frühjahr 1918 bewusst publizierte und Karl damit persönlich diskreditierte. In demütigender Weise musste er sich gegenüber der deutschen Militärführung unter Erich Ludendorff und Paul von Hindenburg von seiner Initiative distanzieren. Ab jetzt war der Handlungsspielraum des Kaisers so klein, dass jede Chance auf einen Sonderfrieden der Habsburgermonarchie ausgeschlossen war.

Im Juli 1917 verabschiedete der deutsche Reichstag eine Friedensresolution, hinter der die neue parlamentarische Mehrheit aus SPD, Zentrum und den Linksliberalen stand. Gefordert wurde ein Ende des Krieges auf der Basis einer umfassenden Verständigung und unter Verzicht auf Gebietsgewinne, Annexionen und wirtschaftliche Kontributionen. Zugleich vertrauten die Abgeordneten trotz des im April erfolgten Kriegseintritts der Vereinigten Staaten auf das militärische Übergewicht der Mittelmächte und die Destabilisierung Russlands nach dem Sturz des Zaren im Februar. Würden die «feindlichen Regierungen» auf ein solches Angebot nicht eingehen, «solange sie Deutschland und seine Verbündeten mit Eroberung und Vergewaltigung bedrohen, wird das deutsche Volk wie ein Mann zusammenstehen, unerschütterlich ausharren und kämpfen, bis sein und seiner Verbündeten Recht auf Leben und Entwicklung gesichert ist. In seiner Einigkeit ist das deutsche Volk unüberwindbar.»[20] Aber die Friedensinitiative des deutschen Parlaments verlor in den kommenden Monaten an Glaubwürdigkeit, als viele der Berliner Abgeordneten nach der Oktoberrevolution der russischen Bolschewiki enthusiastisch auf den sich im Osten anbahnenden Sieg der Mittelmächte setzten. Von einem Verständigungsfrieden ohne Annexionen und Kontributionen konnte im März 1918 keine Rede mehr sein, als die Mittelmächte den Bolschewiki den Diktatfrieden von Brest-Litowsk aufzwangen, den der Reichstag mit großer Mehrheit ratifizierte.[21]

Auch die letzte große Friedensinitiative des Jahres 1917 sollte scheitern. Papst Benedikt XV. knüpfte dabei an die traditionelle Rolle der Kurie als Vermittler an. Angesichts der Erschöpfung auf allen Seiten und den seit der russischen Februarrevolution unübersehbaren Anzeichen politischer und sozialer Destabilisierung hoffte er, als neutrale Institution eingreifen zu können.[22] Seine Friedensnote vom August 1917, die viele Aspekte der Vierzehn Punkte Wilsons vom Januar 1918 vorwegnahm, war präziser als die anderen Initiativen formuliert, indem sie allgemeine Abrüstungen, ein System der internationalen Schiedsgerichtsbarkeit, die Freiheit der Meere, den gegenseitigen Verzicht auf Kriegsentschädigungen sowie die Rückgabe besetzter Gebiete forderte. Konkret sollten Belgien und Nordfrankreich, aber auch die deutschen Kolonien geräumt werden. Um eine bloße Rückkehr zum Status quo ante zu verhindern, sollten die berechtigten Ansprüche von Polen, Armeniern und Südslawen auf eigene Staaten geprüft werden.[23] Doch alle Bemühungen scheiterten – nicht allein an antikatholischen Reflexen und der Unterstellung, der Papst setze sich lediglich für die Rettung der katholischen Habsburger ein. Im Kern verhinderte 1917 die offene militärische Situation durch den Kriegseintritt der USA einerseits und die wachsende Aussicht auf ein Ausscheiden Russlands andererseits einen Ausweg aus dem Krieg. Keine Seite wollte riskieren, mit vermeintlich vorschnellen Konzessionen die eigene Position in den Augen der Gegner zu schwächen.

Entsprechend lehnte die Oberste Heeresleitung in Deutschland jede Verhandlung über Belgien und Elsass-Lothringen ab. Während man in Washington um die Position Wilsons als zentraler Figur auf dem Weg zu einem künftigen Frieden fürchtete, setzte die britische Führung zu diesem Zeitpunkt auf die langfristige Sicherung ihrer maritimen Suprematie im Rahmen des Britischen Empire. Wie in der französischen Regierung fürchtete man vor allem, dass eine erfolgreiche Friedensinitiative die eigene Strategie gefährden könne, nach dem im Frühjahr erreichten Kriegseintritt der USA mithilfe der amerikanischen Kriegsleistungen einen Sieg über die Mittelmächte zu erzwingen.[24]

Die Initiativen von 1917 blieben ohne Ergebnis, weil es in einer militärisch offenen Situation keine echte Bereitschaft zu substanziellen Konzessionen gab. Eher konnte man in den Reaktionen auf die Initiativen die mögliche Schwäche des Gegners testen.[25] Im Gegensatz dazu gelang es den Mittelmächten, die Bolschewiki mit einer zeitweiligen Wiederaufnahme des Krieges Anfang März 1918 zur Unterzeichnung des Friedensvertrages von Brest-Litowsk zu zwingen. Hier schlug sich die Asymmetrie der militärischen Situation und das Überlebenskalkül der Bolschewiki im beginnenden Bürgerkrieg in extrem einseitigen Konzessionen nieder. Russland verlor den Großteil der Gebietserwerbungen in Europa seit der Epoche Peters des Großen. Brest-Litowsk stellte in doppelter Hinsicht einen «faulen Frieden» dar. Er begründete eine langfristige Revisionspolitik der Sowjetunion gegenüber den neuen Staaten Ost- und Ostmitteleuropas und machte nach 1918 die Annäherung an Deutschland auf der Basis einer negativen Polenpolitik möglich. Und er bildete für die deutsche Führung nur einen taktischen Zwischenschritt, denn die Dritte Oberste Heeresleitung unter Hindenburg und Ludendorff glaubte jetzt, dass man weiterhin über die Fähigkeit verfüge, einen Durchbruch im Westen und damit einen Siegfrieden zu erzwingen, nachdem nun die Zweifrontenproblematik weggefallen war.[26]

Verlängerte Brest-Litowsk in dieser Perspektive den Ersten Weltkrieg, so entwickelten sich während des Zweiten Weltkrieges keine Friedenssondierungen, die sich mit denen von 1917/18 vergleichen ließen.[27] Das Motiv des «faulen Friedens» auf der Basis weitgehender einseitiger Konzessionen prägte vielmehr die britischen und französischen Reaktionen auf die zunehmend aggressive NS-Außenpolitik nach 1933. Die Konzessionen mündeten auf der Münchner Konferenz von 1938 in die Bereitschaft der Regierungen in London und Paris, die Souveränität und territoriale Integrität der Tschechoslowakei zu opfern.

Dieser Umgang mit einem anerkannten Mitglied des Völkerbundes, der seit 1918 demokratische Staatsbildung und Integration der Minderheiten relativ erfolgreich verknüpft hatte, musste das Vertrauen in das Regelwerk der internationalen Beziehungen und die Glaubwürdigkeit der Siegermächte von 1919 nachhaltig beschädigen. Dabei fiel diese Politik des «appeasement» in einen größeren Kontext der Erosion der internationalen Ordnung.[28] Sie hatte mit der japanischen Invasion in die Mandschurei 1931 und dem Lytton-Report des Völkerbundes eingesetzt, der eine Autonomie der Mandschurei unter japanischer Regie vorgeschlagen und damit bereits den Grundgedanken der staatlichen Souveränität beschädigt hatte. Dass Hitler nach dem Vorbild Japans die Mitgliedschaft Deutschlands im Völkerbund im Oktober 1933 beendete, gehörte genauso in diesen Kontext wie der Rückzug Italiens aus der Genfer Institution im Kontext des Abessinienkrieges 1935/36.

Verhängnisvoll wirkte sich vor allem aus, dass die westliche Konzessionsbereitschaft durch widersprüchliche Reaktionen auf die aggressive deutsche Revisionspolitik ergänzt wurde. Denn nachdem die europäischen Siegermächte Großbritannien, Frankreich und Italien auf die von Hitler im März 1935 durchgesetzte Wiedereinführung der allgemeinen Wehrpflicht, einen Bruch des

Versailler Vertrages, mit der Bildung der Stresa-Front reagiert hatten, schwächte das bilateral verhandelte deutsch-britische Flottenabkommen vom Juni 1935 diese Widerstandslinie fundamental. Diese Varianten einer widersprüchlichen Beschwichtigung musste Hitler als Zeichen für eine schwache Bereitschaft zum konsequenten Widerstand deuten.[29]

Im «appeasement» der 1930er Jahre überlagerten sich zwei Aspekte. Zum einen wirkte das generationelle Trauma des Ersten Weltkrieges in Frankreich und Großbritannien nach, und viele der aktiven Politiker der 1930er Jahre hatten die Schrecken des Krieges selbst erlebt. Als der spanische Bürgerkrieg die europäische Kriegsgefahr ansteigen ließ, schrieb der französische Schriftsteller Roger Martin du Gard im September 1936 an einen Freund: «Alles, nur nicht Krieg! ... Alles! ... sogar Faschismus in Spanien ... sogar Faschismus in Frankreich. Nichts, kein Leid, keine Knechtschaft ist mit dem Krieg zu begleichen. Alles, lieber Hitler, als den Krieg.»[30]

Zum anderen teilten viele Mitglieder der britischen politischen Elite einen selbstkritischen Blick auf die Behandlung Deutschlands nach 1918 – die berühmte Formulierung von David Lloyd George, alle Beteiligten seien 1914 in den Weltkrieg «hineingestolpert», war dafür nur ein besonders prägnantes Symptom. Dazu kam ein noch immer weitgehend ungebrochenes Vertrauen auf die Existenz des Britischen Empire und eine mögliche Überwindung des Krieges durch wirtschaftliche Beziehungen und zivilisatorische Standards friedlicher Verhandlungen. Während Hitler in seiner berühmt gewordenen Geheimrede am 5. November 1937 der politischen und militärischen Elite als mittelfristiges Ziel «die Sicherung und die Erhaltung der Volksmasse und deren Vermehrung» ausgab, was für ihn gleichbedeutend mit dem «Problem des Raumes» war, entwickelte der neue britische Premierminister fast zeitgleich eine ganz entgegengesetzte Diagnose.[31] Nur vier Tage nach der Rede Hitlers, am 9. November 1937, analysierte Neville Chamberlain beim Jahrestreffen der führenden Wirtschaftsvertreter und der City of London in der Londoner Guildhall die internationale Lage. Familiär verwurzelt in der britischen Wirtschaftselite, setzte er auf das rationale Kalkül, eine zivilisierte Kultur der Verhandlung und die Logik von Handel und Konsum in einer ökonomisch verflochtenen Welt. Zwischen Krieg und Frieden zu wählen, sei angesichts der Entwicklung der modernen Welt überhaupt keine realistische Frage mehr: «Man braucht diese beiden Alternativen nur zu nennen [...], um sicher zu sein, dass die menschliche Natur, die überall auf der Welt dieselbe ist, den Alptraum mit aller Macht ablehnen und sich an die einzige Hoffnung klammern muss, die zum Glück führen kann.»[32]

In dieser Situation von 1937/38 bündelten sich die Probleme des «faulen Friedens» exemplarisch. Er konnte aus einseitigen Konzessionen gegenüber einem Gegner entstehen, der letztlich zu keinem Frieden bereit war, egal welche weiteren Forderungen der Unterlegene oder der auf Frieden drängende Akteur auch noch zu konzedieren bereit war – das verband bei allen Unterschieden die strukturelle Situation nach dem Zweiten Punischen Krieg mit den Friedensschlüssen Napoleons nach 1801 und dem «appeasement» der 1930er Jahre. «Faul» im Sinne von unglaubwürdig und unwahrscheinlich konnten auch jene Friedensinitiativen und Friedensschlüsse sein, in denen wie 1917/18 das taktische Kalkül überwog: entweder um die Schwäche der Gegenseite auszutesten oder um Zeit zu gewinnen oder als Zwischenschritt zu einem immer noch möglichen Siegfrieden. Was aber der Blick auf den «faulen Frieden» als Grundproblem vor allem erweist, ist das verhängnisvolle Zeichen, das von einer einmal beschädigten Logik glaubwürdiger Abschreckung ausgeht, und glaubwürdige Abschreckung setzt in letzter Konsequenz die Bereitschaft voraus, die Übertretung kommunizierter roter Linien mit militärischer Gewalt zu sanktionieren. Nicht die grundsätzliche Bereitschaft zu Konzessionen und Verhandlungen diskreditierte die Diplomatie der Briten und Franzosen ab 1936 – zur Diplomatie gehörte und gehört auch das legitime Instrumentarium der Beschwichtigung von Kriegsparteien, etwa um einen Raum für Verhandlungen überhaupt herzustellen. Nicht die Suche nach einer friedlichen Lösung an sich war ein Fehler. Das Verhängnis bestand vielmehr darin, letztlich keine wirklich konsequente Antwort auf einen Gegner zu besitzen, der nicht bereit war, sich auf eine solche Lösung einzulassen.[33]

IV. Das lange Ende

Wer noch Chancen auf dem Schlachtfeld sieht, wird den Kampf fortsetzen, solange es geht.

Am 29. März 1918 traf das Geschoss einer deutschen Langrohrkanone während des Karfreitagsgottesdienstes die Pfarrkirche Saint-Gervais-Saint-Protais im 4. Arrondissement von Paris und tötete fast 90 Zivilisten. Die französische Öffentlichkeit begriff, wie nahe die deutschen Truppen erneut an das Zentrum der Nation herangerückt waren.[1] Der Beschuss erinnerte an den Beginn des Krieges, als deutsche Truppen seit Anfang August 1914 bedrohlich weit vorgestoßen waren, bevor es dem französischen Militär unter großen Mühen gelungen war, den Vormarsch an der Marne zu stoppen. Die zunächst erfolgreichen Frontdurchbrüche und Geländegewinne der deutschen Truppen seit März 1918 bewiesen, dass es auch an der Westfront möglich war, das seit Ende 1914 herrschende Patt zu überwinden und im Bewegungskrieg die Entscheidung in diesem Krieg zu suchen.[2]

So griff im Frühjahr 1918 auf französischer Seite Panik um sich, als insgesamt über 250 Menschen beim Beschuss der Hauptstadt ums Leben kamen und über 600 verwundet wurden. Weit wichtiger als die militärische Bedeutung war die psychologische Wirkung, denn jeder Einschlag einer deutschen Granate bewies die anhaltende Bedrohung der Hauptstadt und damit des ganzen Landes. Bis heute lassen sich an Gebäuden am Jardin du Luxembourg und an der Place de la République die Spuren deutscher Geschosse erkennen, die aus der Belagerung von Paris 1871 und den deutschen Offensiven vom Herbst 1914 und Frühjahr 1918 stammen. Die Menschen verhielten sich erneut wie im August und September 1914, hoben massenhaft Bargeld ab, schlossen ihre Läden und flohen in überfüllten Zügen aus Paris. Während die Betriebe in und um Paris ihre Belegschaften entlassen mussten, reagierten auch die Behörden wie zu Beginn des Krieges mit einer verschärften Zensur, weil man um den Durchhaltewillen der Heimatfront fürchtete. Angebliche Spione wurden verhaftet, und noch einmal wurde die Bevölkerung von einer Welle von Denunziationen erfasst.[3]

Vor dem Hintergrund dieser krisenhaften Zuspitzung wandte sich der französische Premierminister Georges Clemenceau am 8. März 1918 an die Abgeordneten der Nationalversammlung. Ihm war klar, dass der Krieg an einem entscheidenden Moment angelangt war. Während Russland seit der Machtübernahme der Bolschewiki, dem Sieg der Mittelmächte und dem Friedensvertrag von Brest-Litowsk aus dem Krieg ausgeschieden war, konnten die Vereinigten Staaten noch nicht in entscheidender Weise ihre Stärke ausspielen. Zudem stand Frankreich noch immer unter dem Eindruck der schweren Krise vom Frühjahr 1917, als es nach gescheiterten Offensiven an der Westfront, unter dem Eindruck hoher Verluste und einer ungleichen Verteilung der Kriegslasten zu Meutereien an der Front und Streiks in zahlreichen Fabriken gekommen war. Als der 76-jährige Clemenceau Mitte November 1917 das Amt des Premierministers übernahm, wandte er sich sofort gegen die aus seiner eigenen Partei von Joseph Caillaux vorgebrachten Forderungen nach einem Verständigungsfrieden und reagierte auch sonst scharf auf alle Anzeichen eines vermeintlichen Defätismus. Bewusst torpedierte er mit der Veröffentlichung der Sixtus-Briefe alle Versuche eines Separatfriedens mit Österreich-Ungarn, der die Aussicht auf einen allgemeinen Verständigungsfrieden hätte eröffnen können.[4]

In seiner Rede vor der Nationalversammlung gab sich Clemenceau überzeugt, dass die Entscheidung über den Ausgang des Krieges bei aller Bedeutung von Waffen, Munition und kriegswichtigen Gütern nicht allein und nicht primär an den materiellen Bedingungen hing. Entscheidend für ihn war der Zusammenhalt von Heimat und Front, weil eine Fortsetzung des Krieges ohne diese doppelte Loyalität undenkbar schien. Clemenceau sprach offen an, dass in einem Krieg der jahrelangen gegenseitigen Zermürbung ohne kriegsentscheidende Durchbrüche Sieg und Niederlage sehr nahe nebeneinanderlagen. In einer solchen Konstellation komme der Mobilisierung des moralischen Zusammenhalts durch den Glauben an einen noch immer möglichen Sieg die entscheidende Bedeutung zu. Mit immer längerer Dauer führe der Krieg zu einer Krise der Moral und dann zu einer letzten Entscheidung: «Die […] Bewährungsprobe der Streitkräfte, die Brutalitäten, die Gewalttätigkeiten, die Diebstähle, die Bluttaten, die Massaker: Das ist die moralische Krise, in welche die eine oder die andere Seite hineinschlittert. Diejenige, die moralisch am längsten durchhält, hat gewonnen. Und das große Volk des Orients, das im Laufe seiner Geschichte jahrhundertelang Krieg erleiden musste, umschrieb diesen Gedanken mit folgenden Worten: ‹Der Sieger ist derjenige, der es schafft, eine Viertelstunde länger als der Gegner zu glauben, dass er nicht besiegt wurde.› Das ist meine Kriegs-Maxime. Eine andere habe ich nicht.»[5]

In keinem Krieg der Neuzeit wurden die unterschiedlichen Logiken der Konfliktverlängerung trotz jahrelanger gegenseitiger Erschöpfung und intensivierter Friedenssondierungen seit Ende 1916 so dramatisch erkennbar wie im Ersten Weltkrieg. Das galt nicht allein für Frankreich im Frühjahr 1918. In Deutschland legte die Diskussion um die Friedensresolution des Reichstags bereits im Sommer 1917 offen, warum viele Deutsche trotz aller Opfer und Kriegslasten eine Friedenssondierung kritisch sahen.[6]

Als die Mehrheit der Abgeordneten des Reichstages im Juli 1917 die Friedensresolution verabschiedete, verknüpften die Fraktionen der SPD, des Zentrums und der Linksliberalen ihren Vorstoß mit der Forderung, die konstitutionelle in eine parlamentarische Monarchie zu überführen. Darauf reagierte der Soziologe Max Weber mit einer aufschlussreichen Kritik. Obwohl er sich wie kaum ein anderer immer wieder für eine konsequente Parlamentarisierung und Demokratisierung des Kaiserreichs eingesetzt hatte, erkannte er jetzt die Gefahr, dass eine Verknüpfung von Reform und Friedensresolution eine fatale Konzessionsbereitschaft gegenüber dem Gegner beweise und damit die eigene Widerstandskraft schwäche: «Nicht klug wäre, allzu stark den Zusammenhang der inneren Demokratisierung mit dem Frieden zu betonen, der ja natürlich besteht und richtig ist. Aber erstens ist es zum mindesten bei Frankreich, aber auch bei England höchst fraglich, ob sie sich durch eine noch so weitgehende Demokratisierung zur größeren Friedensbereitschaft bewegen lassen und nicht unerfüllbare Bedingungen stellen werden. Sie hoffen durch Demokratisierung [auf] die Schwächung Deutschlands. Und zweitens: Wir müssen zu verhüten trachten, dass wir später jahrzehntelang von den Reaktionären den Vorwurf hören: ihr habt dazu geholfen, dass das Ausland der Nation die Verfassung auferlegte, die ihm – dem Ausland – passte. Man kann nicht voraussehen, wie stark das, wenn der Friede einmal da ist, auf die Wähler wirkt. Und kommt trotz der Demokratie der Friede jetzt nicht […] dann wird die Enttäuschung vielleicht sogar den inneren Gegnern zugute kommen».[7]

Ende 1917 setzten alle Kriegsparteien darauf, den Kampf fortzusetzen, weil trotz aller Opfer und Belastungen die militärische Situation weiterhin offen war und noch immer einen Sieg nach eigenen Vorstellungen versprach. Weil gleichzeitig der Mangel an Ressourcen immer spürbarer wurde, setzte ein Denken in Zeitfenstern ein. Vor allem der Sieg der Mittelmächte über Russland bot seit Ende 1917 die Aussicht auf ein Ende des Zweifrontenkrieges für Deutschland. Mit der Verlegung von über 30 Divisionen vom Osten in den Westen Europas konnte die Dritte Oberste Heeresleitung darauf spekulieren, in einer großen Offensivanstrengung auch hier noch den erhofften Siegfrieden zu erzwingen, bevor sich der amerikanische Kriegseintritt mit Hunderttausenden neuer Soldaten und unerschöpflichen Ressourcen immer stärker an der europäischen Front auswirken würde.

Mit dem Ausscheiden Russlands, einer erfolgreichen militärischen Offensive gegen Italien bei Caporetto Ende 1917 und einer nach wie vor hocheffizienten Verteidigung an der Westfront schien die Position der Mittelmächte sogar relativ stärker als zuvor. In London und Paris dagegen setzten die Führungen nach dem Scheitern der letzten Frühjahrsoffensiven und der dritten Flandernschlacht ihre größten Hoffnungen auf die Vereinigten Staaten. Vor diesem Hintergrund kam es zu einer regelrechten Remobilisierung der Kriegsgesellschaften, sodass in Frankreich in den letzten Monaten des Krieges die Streikhäufigkeit auffällig zurückging. Hier wie in Großbritannien verwies man bei der Ablehnung eines Verständigungsfriedens immer wieder auf die Opfer der letzten vier Jahre, die nicht umsonst gewesen sein dürften.[8]

Auch die deutsche Militärführung lehnte jede Konzessionsbereitschaft ab. Angesichts der ungebrochenen Hoffnung auf einen Siegfrieden trat allerdings die Durchhaltefähigkeit der deutschen Kriegsgesellschaft als mögliche Flanke immer stärker in den Vordergrund. Entsprechend verschärften sich die Kampagnen gegen angebliche «Drückeberger» und die Polemik gegen jedes Anzeichen eines vermeintlichen Pazifismus. Am 11. November 1917, genau ein Jahr vor der Unterzeichnung des Waffenstillstandes, schloss Erich Ludendorff jede Alternative zu einer Zuspitzung des Krieges aus, was Friedenssondierungen umso unwahrscheinlicher machte: «Die Lage in Russland und Italien wird es voraussichtlich ermöglichen, im neuen Jahr einen Schlag auf dem Westkriegsschauplatz zu führen. Das beiderseitige Kräfteverhältnis wird etwa gleich sein. Es können für eine Offensive etwa 35 Divisionen und 1000 schwere Geschütze verfügbar gemacht werden. Sie werden zu einer Offensive ausreichen, eine zweite größere Offensive, etwa zur Ablenkung, wird nicht möglich sein. Unsere Gesamtlage fordert, möglichst früh zuzuschlagen, möglichst Ende Februar oder Anfang März, ehe die Amerikaner starke Kräfte in die Waagschale werfen können. Wir müssen die Engländer schlagen.»[9]

Die Befürchtung, durch eine vorzeitige Konzession in einer militärisch noch offenen Situation die eigene Position zu schwächen, verknüpfte in Frankreich wie in Deutschland die Lage auf dem Schlachtfeld mit der Frage nach der Resilienz der Heimatgesellschaft, ob in Max Webers Reaktion auf die Friedensresolution im Sommer 1917 oder in Georges Clemenceaus Rede vom März 1918. Vor diesem Hintergrund wird deutlich, warum in den letzten Monaten des Krieges die Verluste auf allen Seiten noch einmal erheblich zunahmen und zum Teil die höchsten des ganzen Krieges darstellten. Sie bewirkten keinen Zusammenbruch der Heimatgesellschaften, solange die Menschen noch an den möglichen Sieg glaubten und ihre Bereitschaft erhalten blieb, mit einer letzten Anstrengung allen zurückliegenden Opfern einen Sinn zu geben. Der Weltkrieg endete daher erst, als die Erschöpfung einer Seite so weit ging, dass jene Logik nicht mehr funktionierte, die bis dahin die Fortsetzung des Krieges garantiert hatte. Diese Logik beruhte, *erstens*, auf der Wahrnehmung einer prinzipiellen Offenheit und Unentschiedenheit der militärischen Situation.

Daraus ergab sich, *zweitens*, die Hoffnung auf eine regelrechte Remobilisierung der Front und der Heimat und der immer aggressivere Appell an den Willen der nationalen Kriegsgemeinschaft, an die Moral oder die Nervenstärke, die am Ende den Krieg entscheiden würden. In kaum einer Phase des Krieges spitzten sich der Kriegsnationalismus und die Herrschaft des Verdachts gegen vermeintliche Illoyalität und angeblichen Defätismus so zu wie ab Ende 1917. Schließlich gehörte dazu, *drittens*, jede Konzession als Schwächung der eigenen Position und als Verrat an den Millionen von Toten, Invaliden, Witwen und Waisen zu stigmatisieren. Ein Frieden ohne Sieg erschien aus dieser Sicht als eine Kompromittierung der Opfer durch ein Regime, das damit zugleich seine politisch-soziale Legitimation aufs Spiel setzte. Der Weltkrieg verlängerte sich gleichsam durch sich selbst, indem die mit jedem Monat höheren Todeszahlen und Lasten die Hürden für einen ehrenvollen Frieden immer mehr erhöhten. Die Opfer seit August 1914 erzwangen aus dieser Sicht einen Sieg zu den eigenen Bedingungen, denn nur so schienen sich all die Opfer und Anstrengungen rechtfertigen zu lassen.[10]

In Deutschland setzte sich diese Konstellation bis in den Frühherbst 1918 fort. Viele Deutsche warteten tatsächlich noch bis in die letzten Wochen auf einen Sieg als Kompensation für all die ertragenen Mühen. Eine Niederlage lag außerhalb ihres Vorstellungshorizonts, wie Sebastian Haffner im Rückblick beschrieb: «[I]ch hatte keine rechte Vorstellung mehr vom Frieden, wohl aber hatte ich eine Vorstellung vom ‹Endsieg›. Der Endsieg, die große Summe, zu der sich alle die vielen Teilsiege, die der Heeresbericht enthielt, unvermeidlich einmal zusammenaddieren mussten, war für mich ungefähr das, was für den frommen Christen das Jüngste Gericht ist [...] Es war eine unvorstellbare Steigerung aller Siegesnachrichten, in der die Gefangenzahlen, Landeroberungen und Beuteziffern vor Ungeheuerlichkeit sich selber aufhoben. Danach war nichts mehr vorzustellen [...] Ich wartete tatsächlich auf den Endsieg noch in den Monaten Juli bis Oktober 1918, obwohl ich nicht so töricht war, nicht zu merken, dass die Heeresberichte trüber und trüber wurden und dass ich nachgerade gegen alle Vernunft wartete. Immerhin, war nicht Russland geschlagen? Besaßen ‹wir› nicht die Ukraine, die alles liefern würde, was nötig war, um den Krieg zu gewinnen? Standen ‹wir› nicht immer noch tief in Frankreich?»[11]

Erst als den deutschen Kommandeuren klar wurde, dass die Ressourcen nicht mehr ausreichten, die eingetretenen Verluste zu kompensieren, und der Zusammenbruch unmittelbar bevorstand, drängte man auf Waffenstillstandsverhandlungen, um den Krieg jetzt so schnell wie möglich zu beenden, und gab die Verantwortung an die Politik ab. Als sich die Niederlage ab Herbst in immer höheren Gefangenenzahlen als Folge der Selbstkapitulation der Soldaten andeutete, die den Sinn fortgesetzter Kämpfe nicht mehr erkennen konnten, waren die meisten Deutschen auf dieses Kriegsende nicht vorbereitet. Weil die Niederlage mit einer unerklärbaren Kontingenz behaftet blieb, entstand daraus der Nährboden für die Dolchstoßlegende, mit der man die militärischen Fakten ausblendete und Revolution, Waffenstillstand und Friedensvertrag als Konsequenzen eines inneren Verrats deutete. Das hatte weitreichende Konsequenzen, weil es ein Denken im Modus des Krieges über das Kriegsende hinaus verlängerte.[12]

Darin lag auch ein entscheidender Unterschied zwischen den Kriegsenden von 1918 und 1945. Nach der Kriegswende von Stalingrad und dem Misserfolg der letzten großen Offensivoperation in der Schlacht von Kursk 1943 begann die Hoffnung auf einen deutschen Sieg bei vielen Deutschen zu erodieren. Aber die Angst davor, dass die Gewalt dieses Krieges auch die eigene Heimat erreichen könne, und vor allem die Repression des Regimes erklärten, warum die Soldaten den Kampf noch lange fortsetzten, obwohl die Verluste erst in der Endphase des Krieges ihren Höhepunkt erreichten. Waren zwischen 1941 und 1944 täglich 2000 deutsche Soldaten umgekommen, stieg diese Zahl ab Herbst 1944 auf 5000 Mann. Die drakonischen Maßnahmen gegen jedes Anzeichen der Selbstaufgabe führten dazu, dass 15 000 deutsche Soldaten als Deserteure hingerichtet wurden.[13] Die Angst vor der Rache der sowjetischen Sieger verband sich mit der individuellen Aussicht auf die Bedingungen einer möglichen sowjetischen Kriegsgefangenschaft. Schließlich lieferte das Regime bis zuletzt Versprechen von immer noch möglichen Offensiverfolgen, neuen Waffentechnologien und Remobilisierungen. Und bis in die letzten Wochen gab es Phantasien über ein «Mirakel», etwa anlässlich des Todes des amerikanischen Präsidenten Franklin D. Roosevelt, oder die Möglichkeit eines Bündniswechsels gegen die Sowjetunion. Noch in einer weiteren Hinsicht unterschieden sich die Enden der Weltkriege. Denn im Mai 1945 mussten die Deutschen angesichts der bedingungslosen Kapitulation die Niederlage anerkennen. Der Verlauf des Krieges und die Umstände des Kriegsendes ließen eine Neuauflage des Narrativs einer ungeklärten Niederlage oder eines Sieges, um den man in letzter Minute gebracht worden sei, nicht mehr zu.[14]

Auch in militärischen Konflikten nach 1945 blieben viele der skizzierten Mechanismen der Kriegsverlängerung wirksam und verzögerten den Weg in den Frieden. Seit die Vereinigten Staaten ab Sommer 1964 aktiv in den Konflikt zwischen dem kommunistischen Nordvietnam und Südvietnam eingriffen, kennzeichnete das Nebeneinander taktischer Gesprächsangebote und eskalierender Gewalt den Fortgang des Krieges. Der «Volkskrieg» der Nordvietnamesen und ihrer Verbündeten zwang die überlegene militärische Macht der Vereinigten Staaten in einen unabsehbar langen Konflikt und mündete schließlich in ein strategisches Patt. Vor diesem Hintergrund glaubten alle Kriegsparteien lange Zeit daran, diese Situation jeweils zu ihren Gunsten verändern zu können. Solange diese Konstellation anhielt, mussten alle Verhandlungen ergebnislos bleiben.[15]

Bereits drei Monate vor der Entscheidung im Juli 1965, neben Einsätzen der US-Luftwaffe auch amerikanische Truppen nach Südvietnam zu entsenden, warb der amerikanische Präsident Lyndon B. Johnson in einer Rede für einen Verhandlungsfrieden. Hinter diesem Schritt stand jedoch nicht das ehrliche Bemühen um ein Ende des Konflikts. Johnson verfolgte vielmehr das Ziel, die öffentliche Meinung in den USA und den westlichen Staaten für sich zu gewinnen. Es ging zudem darum, bewusst Gesprächsbereitschaft zu signalisieren, um so gleichzeitig die Ausweitung des eigenen militärischen Engagements zu begründen, falls die Führung Nordvietnams nicht auf die Angebote der USA reagierte. Zwischen 1965 und 1967 zählte die amerikanische Regierung etwa 2000 Vermittlungsversuche von Privatpersonen, Diplomaten und Politikern, die aber zu keinen greifbaren Erfolgen führten, weil sie bis 1967 im Kern taktischem Kalkül entsprangen. Präsident Johnson setzte darauf, durch den Einsatz überlegener Waffen einen Sieg über die nordvietnamesischen Truppen zu erreichen. Die Führung in Hanoi dagegen hoffte auf den wachsenden Einfluss der Friedensbewegung in der amerikanischen Öffentlichkeit und die Empörung der Weltöffentlichkeit über die Auswirkungen der amerikanischen Bombenangriffe.

Angesichts dieser Situation blieb auch die 1967 von Johnson entwickelte San-Antonio-Formel ergebnislos, die ein Ende des Luftkrieges als Antwort auf die Bereitschaft Nordvietnams zu konstruktiven Verhandlungen vorsah. In Hanoi beharrte man darauf, dass diplomatische Initiativen nur das Ergebnis eines militärischen Erfolges auf dem Schlachtfeld sein dürften. Das verwies auf frühere Erfahrungen, denn zwei Mal hatte die Führung Nordvietnams militärische Siege nicht in politische Erfolge in Friedensverhandlungen umsetzen können, zuerst 1946 zwischen dem Ende des Weltkrieges und dem Beginn des Ersten Indochinakrieges und erneut 1954 auf der Genfer Konferenz. Eine

Wiederholung dieser politischen Demütigung durfte es aus der Sicht Hanois nicht geben. Das aber erklärte den Fokus auf das militärische Durchhalten in einem langen Guerillakrieg.[16]

Auf amerikanischer Seite fehlte es nicht an realistischen Einschätzungen. Henry Kissinger, von 1957 bis 1960 Direktor des Harvard Center for International Affairs, seit 1961 Berater des amerikanischen Verteidigungsministeriums und späterer Sicherheitsberater und Außenminister, analysierte bereits Ende 1965 in einer Rede am Foreign Research Institute in Philadelphia die besonderen Probleme, einen Weg aus dem Krieg in Südostasien zu finden. Kissinger betonte die übergreifenden Interessen der USA und glaubte weiterhin an eine militärische Lösung, auch wenn es für ihn bereits jetzt nicht mehr um einen klassischen Sieg in einem Krieg wie 1918 oder 1945 gehen konnte. Er verglich die USA mit «einem Bullen in der Arena [...] Er rast umher und tut so, als würde er dabei Boden gutmachen».[17] Weil die USA einen Guerillakrieg wie in Südostasien auf der Basis einer konventionellen Kriegführung nicht gewinnen könnten, müssten sie ihn unter allen Umständen fortsetzen: «Unser Prestige, unser Einfluss, unsere Interessen und unsere Ehre sind mittlerweile derart tief mit Vietnam verbunden, dass es für uns unmöglich geworden ist, einen Rückzieher zu machen [...] Es hätte verheerende Folgen, wenn die USA ihre Versprechen nicht einlösen könnten, nicht nur für die mit uns verbündeten Anrainer in Asien, sondern für unser Bündnissystem in der gesamten Welt [...] Im Vergleich zu einem Rückzug aus Vietnam ist alles andere besser.» Schon hier wurde in Ansätzen ein Motiv erkennbar, das im späteren Verlauf des Krieges immer wichtiger werden sollte, nämlich den Süden zu stabilisieren, um Zeit zu gewinnen: «Wir müssen den Norden in erster Linie deshalb bombardieren, weil es für die Moral des Südens unentbehrlich ist – ohne Rücksicht auf die Auswirkungen im Norden.»[18]

Doch im Gegensatz zu dieser realistischen Einschätzung setzte der 1969 neu gewählte Präsident Richard Nixon immer wieder darauf, den Krieg zu intensivieren, um doch noch einen amerikanischen Sieg zu erzwingen. Das Kalkül des noch möglichen militärischen Sieges als Voraussetzung für den Weg zum Frieden brachte im Laufe des Krieges unterschiedliche Varianten hervor, die immer wieder als Optionen diskutiert wurden. Sie dokumentierten, wie stark politische und militärische Einschätzungen Veränderungen unterworfen waren und sich in einem Spannungsfeld zwischen realpolitischen Konzepten und Zuspitzungen bewegten, die bis an die Grenze der Irrationalität reichen konnten.[19]

Schon im Sommer 1968, also Monate vor Beginn seiner Präsidentschaft, erläuterte Nixon gegenüber seinem künftigen Stabschef H. R. «Bob» Haldeman, wie man, *erstens*, die eigene Unberechenbarkeit bewusst einsetzen könne, um die dadurch provozierte Angst und Einschüchterung der Gegenseite auszunutzen: «Ich nenne es die Madman-Theorie. Die Nordvietnamesen sollen glauben, dass ich für eine Beendigung des Krieges schlicht alles tun würde. Wir spielen ihnen einfach die Information zu, dass dieser Nixon vom Kommunismus besessen ist, dass man ihn nicht bändigen kann, wenn er wütend wird, und dass er obendrein auch noch den Finger auf dem Atomknopf hat. Ho Chi Minh höchstpersönlich wird innerhalb von zwei Tagen in Paris sein und um Frieden betteln.»[20]

Vor diesem Hintergrund wurde das von Nixon vertretene Konzept der Vietnamisierung, also amerikanische Truppen sukzessive abzuziehen und die Kriegführung in die Verantwortung Südvietnams zu überführen, immer wieder durch gesteigerte Bombardierungen Nordvietnams begleitet. Dazu kam die Bereitschaft, den Krieg auch räumlich noch einmal auszuweiten. Entsprechend unternahmen südvietnamesische und amerikanische

Truppen Vorstöße nach Kambodscha und Laos, um Versorgungswege und Ausgangsbasen der Nordvietnamesen zu zerstören.[21] Wie groß der Glaube an die militärischen Möglichkeiten der Vereinigten Staaten bei Nixon blieb, dokumentieren vor allem die Aufzeichnungen aus dem Oval Office des Weißen Hauses. In Gesprächen mit Kissinger formulierte Nixon zwischen Februar und Mai 1972: «Wir müssen gewinnen. Wir dürfen dort einfach nicht verlieren. Weil es nämlich mit China zu tun hat. Mit Russland. Mit dem Nahen Osten. Mit Europa. Darum dreht sich die ganze Sache.» Eine Niederlage werde Domino-Effekte im Nahen Osten haben: «Wir werden es tun, und ich werde das gottverdammte Land zerstören … Ich meine wirklich zerstören, wenn nötig. Und ich will mal so sagen: Auch mit Atomwaffen, wenn nötig. Das ist nicht nötig, aber Sie wissen, was ich meine. Es zeigt einfach, wie weit ich bereit bin zu gehen […] Südvietnam verliert vielleicht, aber die Vereinigten Staaten können nicht verlieren.»[22]

Für die Endphase des Krieges wurde, *zweitens*, die Vorstellung eines «lucky punch» wichtig, also eines entscheidenden Schlags eines Boxers gegen seinen Gegner in der letzten Runde des Kampfes. Parallel zu den vertraulichen Verhandlungen zwischen Kissinger und dem nordvietnamesischen Politiker Le Duc Tho in Paris über einen möglichen Waffenstillstand kam es zumal im April und Mai 1972 zu massiven Bombenangriffen gegen nordvietnamesische Ziele und einer Verminung wichtiger Häfen.[23] Ganz anders als in seiner realistischen Einschätzung im Dezember 1965, die Kissinger noch nicht als Sicherheitsberater aus dem Zentrum der Macht heraus formuliert hatte, plädierte er Anfang April 1972 dafür, für einige Zeit die Gewalt bewusst ausufern zu lassen. Selbst wenn diese maximale Eskalation ein erhebliches Risiko bedeutete, war Kissinger in diesem Moment von den Erfolgsaussichten überzeugt. Der Krieg hätte längst zugunsten der USA entschieden sein können, wenn Nixons Vorgänger Johnson sich auf eine solche bewusste Zuspitzung der Gewalt eingelassen hätte. Gegen die Bedenken militärischer Experten gegenüber den von Mai bis Ende Juni 1972 massiv gesteigerten Luftwaffeneinsätzen gegen die zivile Infrastruktur Nordvietnams betonte der Sicherheitsberater ganz im Sinne Nixons, dass er dazu tendiere, die Nordvietnamesen «systematisch plattzumachen und mit einem großen Knall die ganze Sache zu beenden [...] Wenn wir ihnen am 18. Breitengrad das Rückgrat gebrochen haben, können wir ihnen im Norden einen großen Schlag versetzen und es damit zu Ende bringen.»[24]

Drittens und in erkennbarem Widerspruch zu diesen euphorischen Projektionen passte man die Definition des Sieges der militärischen Pattsituation an. Dabei übernahm zumal Kissinger die Maxime der von den USA so intensiv bekämpften Guerillakämpfer. Danach war der Krieg für denjenigen gewonnen, der zumindest nicht gezwungen war, das Schlachtfeld als offensichtlicher Verlierer zu verlassen. Das bedeutete keinesfalls einen Verzicht auf massive Gewalt, aber es reflektierte eben doch ein anderes Kalkül. Indem man den kommunistischen Norden vor der politischen Einigung auf einen Waffenstillstand noch einmal militärisch massiv unter Druck setzte, konnte man in Washington den Eindruck erwecken, dass der Gegner sich am Ende doch der militärischen Übermacht der Vereinigen Staaten beugte.[25] Das erklärte das nur auf den ersten Blick paradox anmutende Nebeneinander von öffentlichem Friedensbekenntnis und eskalierender Gewalt zwischen Oktober 1972 und Januar 1973. Ende Oktober 1972 erhöhte Kissinger mit seiner Ankündigung «Wir glauben, der Frieden steht vor der Tür» den Druck auf die Kompromissbereitschaft der südvietnamesischen Führung und schwächte zugleich die demokratische Opposition in den USA, der nun ihr entscheidendes Argument gegen eine Fortsetzung der Präsidentschaft Nixons fehlte.[26] Doch nach dem beeindruckenden Wahlsieg Nixons Anfang November folgte eine massive Gewaltausweitung, einerseits um Nordvietnam zur Annahme der in Paris vorgelegten Forderungen zu zwingen, andererseits um der südvietnamesischen Führung den Rücken zu stärken. Gegenüber dem Vorsitzenden der Vereinigten Stabschefs erklärte Nixon: «Ich will nichts mehr darüber hören, dass wir dieses oder jenes Ziel nicht treffen können. Dies ist Ihre Chance, den Krieg mit militärischen Mitteln zu gewinnen.»[27] Zwischen dem 18. und 29. Dezember 1972 flog die US-Luftwaffe über 3500 Einsätze, bei denen noch einmal über 2000 Zivilisten ums Leben kamen.

Am Ende ging es für die amerikanische Seite nicht mehr um einen klassischen Sieg. Die Formel des «ehrenhaften Friedens» enthielt unterschiedliche Elemente. Das Ende Januar 1973 unterzeichnete Waffenstillstandsabkommen bedeutete, dass in Vietnam zum ersten Mal keine fremden Truppen standen. Obwohl die amerikanische Seite 140 000 nordvietnamesische Militärangehörige in Südvietnam und die «Revolutionäre Volksregierung» der «Nationalen Front für die Befreiung Südvietnams» akzeptieren musste, wurde Nordvietnam gezwungen, die südvietnamesische Regierung Thieu anzuerkennen. Doch nach vielen Jahren Krieg und Tausenden von Opfern lag die Überzeugungskraft des Pariser Abkommens aus amerikanischer Perspektive primär darin, überhaupt einen Ausgang aus dem Krieg gefunden zu haben. Zudem hoffte Kissinger im Grunde nur auf ein «decent interval» zwischen dem Waffenstillstandsabkommen und dem bereits absehbaren Zusammenbruch Südvietnams. Denn genau dieser Zeitraum erlaubte der amerikanischen Regierung, am Selbstbild festzuhalten, auf dem Schlachtfeld keine demütigende Niederlage erlitten zu haben. Auf die Frage, wie lange sich Saigon halten könne, lautete seine Antwort: «Ich glaube, wenn sie Glück haben, werden sie sich anderthalb Jahre halten können.»[28]

Die Situation in der Endphase des Ersten Weltkrieges wie des

Vietnamkrieges zeigt exemplarisch, durch welche Mechanismen sich der Weg in den Frieden verlängern konnte, und erklärt, warum viele Kriegsparteien gerade in der Endphase von Konflikten darauf setzten, die Gewalt im Zuge politischer und militärischer Remobilisierungen noch einmal enorm zu steigern. Solange die Beteiligten kalkulierten, dass sie selbst den Konflikt noch zu ihren eigenen Bedingungen gewinnen oder mindestens günstige Bedingungen für eine absehbare Friedensverhandlung herstellen konnten, verlängerte sich der Krieg. Selbst wenn es wie im Vietnamkrieg langfristig nicht mehr wie noch 1917/18 um Hoffnungen auf einen klassischen Siegfrieden ging, blieb die subjektive Vorstellung auf amerikanischer Seite immer wieder handlungsleitend, dass maximal eskalierte Gewalt einen Gegner am Ende doch bezwingen könne. Im Ersten Weltkrieg wurde selbst die Ablehnung jeder Konzessionsbereitschaft noch zum Ausweis der eigenen Widerstandsfähigkeit in einer entscheidenden Phase des Krieges. Im Vietnamkrieg war es demgegenüber eher das lange Nebeneinander von Sondierungsgesprächen und eskalierender Gewalt, das auf amerikanischer Seite in einem widersprüchlichen Prozess schließlich das Konzept des «ehrenhaften Friedens» und des «decent intervall» entstehen ließ. Und schließlich zeichnete sich bereits im Ersten Weltkrieg ab, was dann im Vietnamkrieg große Bedeutung erlangte und auch in der Gegenwart enorme Relevanz hat: Die Frage, wofür Soldaten und Zivilisten in einem langen und verlustreichen Krieg gestorben sind, rührt direkt an die Legitimation des politischen Systems.

V. Planung und Prognose

Verfügbare Ressourcen bestimmen den Kippmoment von Kriegen, aber nicht unbedingt die Einsicht der Akteure.

Was die Ausrüstung und permanente Versorgung einer Armee von rund 600 000 Mann bedeutete, ahnten die Experten bereits, bevor Napoleons Grande Armée ab Juni 1812 die Memel überquerte und in Russland vorrückte. Ein französischer Infanterist war mit einer schweren, über 1,50 Meter langen Muskete ausgerüstet. Über seiner Schulter trug er einen Gurt mit einem Lederbehälter zum Transport von zwei Päckchen Patronen und Werkzeugen zur Reinigung und Reparatur des Gewehrs. Sein Ledertornister enthielt zwei Hemden, Feldgamaschen, Strümpfe, ein zusätzliches Paar Stiefel und einen Vorrat an Zwieback. Uniformmantel, Zeltbahn und weitere Teile der Ausrüstung wurden über den Rucksack geschnallt. Seine standardisierte tägliche Essensration bestand aus 550 Gramm Zwieback, 30 Gramm Reis oder 60 Gramm Trockengemüse, zwischen 200 und 240 Gramm Fleisch, einem Viertelliter Wein und einem kleinen Glas Branntwein.[1]

Nicht allein die schiere Menge an Waffen und Munition, Uniformen, Stiefeln, Sätteln und Lebensmitteln stellte eine enorme Herausforderung dar, der Napoleon mit der Gründung einer eigenen militärischen Intendantur begegnete. Mindestens so herausfordernd wie die Beschaffung der kriegswichtigen Güter war die logistische Aufgabe, sie permanent und verlässlich zu einer Armee zu transportieren, die immer tiefer in das Land eindrang, sodass sich mit jedem Marschkilometer die Transportwege verlängerten. «Ohne Transportmittel ist alles andere wertlos», bemerkte Napoleon im Dezember 1812.[2] Die 1807 erstmals aufgestellten speziellen Versorgungs- und Transporteinheiten wurden ab 1811 daher ständig erweitert. Zu Beginn des Feldzuges gegen Russland umfassten sie nicht weniger als 26 eigene Bataillone mit 9346 Fuhrwerken und über 38 000 Pferden. Mehl sollte auf speziell konstruierten großen Karren an die Front gebracht werden. Sie wurden von Ochsen gezogen, die, an Ort und Stelle geschlachtet, zu einer zusätzlichen Versorgungsquelle für die Armee im Feindesland werden sollten.[3]

Militärische Mobilität beruhte während der Kriege bis 1815 auf der massenhaften Verfügbarkeit von Transportpferden. Allein für ein Fuhrwerk mit einer Last von anderthalb Tonnen waren vier Pferde nötig. So wurden Versorgung und Transport für den Feldzug der Grande Armée von Anfang an zu einem entscheidenden Faktor. Da die Armee neben dem notwendigen Proviant für die marschierenden Soldaten nicht auch noch das Futter für die Pferde mitführen konnte, war ihr Einsatz von der Getreide- und Heuernte in Osteuropa abhängig, die aber erst ab Ende Juni begann. Die Kalkulation der Ressourcen bestimmte daher den Anfang der Kampagne, denn Napoleon konnte die eigentliche Offensive erst in der Mitte des Sommers beginnen, weil dann genug Hafer und Heu für die Versorgung der Pferde zur Verfügung stand.[4] Von nun an ging es nicht allein um die Frage der militärischen Stärke der russischen Truppen, sondern auch um Zeit und Wetterbedingungen. Napoleons Scheitern in Russland 1812 hing ganz wesentlich mit Problemen bei der Versorgung der riesigen Armee über immer längere Distanzen zusammen. Zu den Opfern in den Schlachten kamen Hunderttausende, die an Hunger, Erschöpfung und Kälte starben. Aber selbst nach dieser Katastrophe mit etwa einer Million Opfern auf beiden Seiten wurde die Bereitschaft Napoleons keinesfalls größer, sich auf einen Verständigungsfrieden auf der Basis des Status quo einzulassen.

Kriege sind der Testfall für die Mobilisierung, Organisation und den Transport von Ressourcen: von Menschen, Waffen und Munition, wie von Technologien, Rohstoffen, Arbeitskräften und Kapital.[5] Den Kippmoment eines Krieges, den Beginn der Endphase, bestimmt die Verfügbarkeit von kriegswichtigen Gütern und die Fähigkeit einer Kriegspartei, die eigenen Ressourcen besser zur Geltung zu bringen oder ihren Mangel besser zu kompensieren als die Gegenseite, wesentlich mit. Munitionskrisen waren in neuzeitlichen Kriegen geradezu endemisch, weil der Verbrauch in Gefechten fast immer alle Vorkriegsplanungen übertraf. Aber erst eine anhaltende Versorgungskrise konnte den Glauben der Soldaten an die Kompetenz der eigenen Führung erschüttern. Doch unter welchen Bedingungen erhöht der Mangel an Ressourcen die Bereitschaft zum Frieden?

Immer wieder gab es Momente, in denen überlegene Waffentechnologie oder eine starke Asymmetrie der militärischen Versorgungslage den Weg in den Frieden bahnte. Im August 1945 führte der amerikanische Einsatz der beiden Atombomben über Hiroshima und Nagasaki innerhalb weniger Tage zur Kapitulation Japans. Zwischen März und Juni 1999 intervenierte die NATO in der «Operation Allied Force» mit überlegenen militärischen Mitteln in Serbien, was vor allem am Einsatz der amerikanischen Luftwaffe lag. Das Ziel der Bombardierungen bestand darin, den Abschluss des Abkommens von Rambouillet zwischen der Bundesrepublik Jugoslawien und den Vertretern der Kosovo-Albaner zu erzwingen. Nach 78 Tagen zog die Führung in Belgrad die serbischen Truppen und Polizeikräfte aus dem Kosovo zurück. Über die völkerrechtliche Legitimation sagte dieser militärische Erfolg allerdings nichts, denn die NATO agierte ohne ein

Mandat der Vereinten Nationen, und ein Ende der Gewalt bedeutete das Ende des unmittelbaren Krieges in der Region bis heute nicht.[6]

Wie sich wirtschaftliche und finanzielle Überlegenheit jenseits einer direkten militärischen Involvierung einsetzen ließ, bewies der Ausgang der Suezkrise im November 1956, nachdem britische, französische und israelische Truppen auf die Verstaatlichung des Suezkanals durch den ägyptischen Staatschef Nasser mit einem Angriff auf ägyptisches Gebiet reagiert hatten.[7] Die Vereinigten Staaten und die Sowjetunion brachten daraufhin zunächst Resolutionsentwürfe im Sicherheitsrat der Vereinten Nationen ein, um die Krise zu entschärfen. Doch Frankreich und Großbritannien nutzten ihren Status als Veto-Mächte und verhinderten gemäß ihren Verabredungen die Verabschiedung der Resolution. Daraufhin setzte US-Präsident Eisenhower auf die finanz- und währungspolitische Macht der Vereinigten Staaten. Nach der Bombardierung ägyptischer Stellungen seit Ende Oktober 1956 begannen in den ersten Novembertagen Bodenoperationen britischer, französischer und israelischer Truppen. Daraufhin stellte Washington die finanzielle Unterstützung für Israel ein und begann damit, in großem Umfang eigene Währungsreserven in Pfund Sterling zu veräußern, was den Kurs der britischen Währung massiv belastete. Zudem blockierte die Regierung einen avisierten IWF-Kredit für London. Vor diesem Hintergrund stellten die Angreifer am 6. November 1956 ihre Kampfhandlungen ein und unterzeichneten bereits am nächsten Tag ein Waffenstillstandsabkommen mit Ägypten. Der Ausgang der Krise, der zugleich als Signal für die beschleunigte Dekolonisierung des Britischen Empire wirkte, zwang den britischen Premierminister Anthony Eden wenige Monate später zum Rücktritt.[8]

Viele Kriegsausgänge aber lassen sich nicht mit solchen Konstellationen, der eindeutigen Überlegenheit einer Waffentechnologie oder Mangel an Ressourcen allein erklären. Die Verknappung kriegswichtiger Güter wirkt häufig nicht kurzfristig und eher punktuell und wird erst im Laufe eines längeren Prozesses zu einem relevanten Faktor. Die Hoffnung, einen Gegner durch die Verknappung von Ressourcen zeitnah zu Konzessionen und Friedenssondierungen zu bewegen, wurde häufig enttäuscht. Denn der Mangel ließ sich nicht selten zumindest kurz- und mittelfristig kompensieren: durch intensivierte Lern- und Anpassungsprozesse, aber auch durch die Hoffnung auf technische Innovationen. Dazu kam das Vertrauen von politischen und militärischen Eliten in die eigene Fähigkeit, eine Ressourcenkrise zu überwinden, sei es durch die Unterstellung strategischer Überlegenheit, durch eine bewusste Ausweitung des Krieges, durch Zwang und Repression, mithilfe neuer vermeintlich kriegsentscheidender Technologien und einer Bereitschaft zum immer höheren Risiko. Wenn Historiker aus dem Rückblick das materielle Dilemma von Kriegsparteien analysieren, so greifen sie dabei auf Quellen zurück, die ihnen jene objektivierende Vogelschauperspektive erlauben, die kein Zeitgenosse bei der Planung und Prognose haben konnte.

Im frühen 20. Jahrhundert sprach viel dafür, dass wirtschaftliche und finanzielle Ressourcen wegen der gewachsenen Abhängigkeit der modernen Gesellschaften im Kriegsfall entscheidend werden würden, um einen Gegner zu einem baldigen Frieden zu zwingen. So schätzten britische Experten vor dem Ersten Weltkrieg die Chancen auf einen kurzen Krieg gegen Deutschland als hoch ein, denn 43 Prozent der deutschen Einfuhren bestanden aus Rohstoffen. Die bald nach dem August 1914 einsetzende Fernblockade der deutschen Seehäfen durch die Royal Navy sollte Deutschland von den Weltmärkten abschneiden und den Zusammenbruch der deutschen Industrieproduktion herbeiführen.[9] Tatsächlich geriet Deutschland in eine Rohstoffkrise, und durch das anwachsende Handelsbilanzdefizit ließen sich Einfuhren, die trotz Blockade deutsche Häfen erreichten, kaum noch bezahlen. Allerdings konnten Güter, die für Friedens- wie Kriegsproduktion infrage kamen, zunächst weiterhin über neutrale Staaten wie Dänemark, Schweden, Norwegen und die Niederlande eingeführt werden, was sogar den Import britischer Güter wie Zinn, Wolle, Baumwolle, Fleisch und Tee umfasste. Selbst als Großbritannien ab 1915 zu einer unbeschränkten Blockade überging und auch den indirekten Handel über neutrale Häfen unterband, blieben direkte Einfuhren möglich, etwa von schwedischen Eisenerzen, Nickel aus Norwegen, Lebensmitteln aus Dänemark und den Niederlanden sowie ab 1916 Erdöl aus Rumänien.[10] Zudem baute die deutsche Führung unter der Leitung von Walther Rathenau als Reaktion auf die britische Blockade in kurzer Zeit eine effektive Kriegsrohstoffverwaltung auf. Auch die erfolgreiche Entwicklung von Ersatzstoffen, wie etwa die Ammoniak-Synthese zur Kompensation von natürlichem Salpeter, bewies, dass man in relativ kurzer Zeit Antworten auf den Rohstoffkrieg finden konnte. Den Weg in den Frieden verkürzte das nicht – im Gegenteil stärkte es eher das Vertrauen auf deutscher Seite, auch andere Versorgungskrisen überstehen zu können. Im Verlauf des Krieges entwickelten die Deutschen Tausende von Ersatzstoffen.[11]

Umgekehrt wurden allerdings auch die deutschen Hoffnungen enttäuscht, den Krieg durch Verknappung von Ressourcen zu verkürzen. Mithilfe der von der deutschen Marineführung gleich zu Beginn des Krieges dem Osmanischen Reich überlassenen Kriegsschiffe *Goeben* und *Breslau* blockierte die osmanische Marine ab Ende 1914 die Dardanellen und den Bosporus, die ab jetzt für die Alliierten nicht mehr passierbar waren. Da die deutsche Schlachtflotte zudem weitgehend die Ostsee kontrollierte und durch den Nord-Ostsee-Kanal eine schnelle Verlagerung von Schiffen möglich war, sah sich Russland gleich zu Beginn des

Krieges von seinen beiden wichtigsten Versorgungswegen abgeschnitten.[12] Ab diesem Zeitpunkt konnten kriegswichtige Güter nur noch über Archangelsk, das aber sechs Monate im Jahr durch Eis blockiert war, oder über das von der europäischen Front über 13 000 Kilometer entfernte Wladiwostok importiert werden. Russlands Exporte sanken um 98, seine Importe um 95 Prozent.[13] Aber die deutschen Hoffnungen auf ein baldiges Kriegsende oder wenigstens einen Separatfrieden mit dem unter Druck geratenen Zarenreich erfüllten sich nicht. Stattdessen führte die Krise zu einer Intensivierung und Ausweitung des Krieges, zunächst durch die groß angelegte amphibische Landung der Alliierten bei Gallipoli im Frühjahr 1915, die dem Ziel diente, die Meerengen mit Landstreitkräften zu erobern und damit den freien Zugang zum Schwarzen Meer zu erkämpfen.[14] In St. Petersburg formulierte die politische und militärische Führung angesichts der Konsequenzen der Blockade das Kriegsziel, die Region der Meerengen zu kontrollieren. Dazu weitete das russische Militär die Angriffe auf das Osmanische Reich seit 1915 aus, vor allem im Kaukasus.[15]

Dass Ressourcenkrisen den Krieg nicht nur verkürzen, sondern mögliche Friedenssondierungen auch erschweren konnten, erwies sich ab Ende 1916.[16] Finanziell waren die europäischen Alliierten durch die enormen Kosten des Krieges bereits ab 1915 unter wachsenden Druck geraten, was zumal den Wert des Pfund Sterling gegenüber dem Dollar belastete. So lag ein entscheidendes Motiv auf britischer Seite, die USA zu einem Kriegseintritt zu bewegen, in der wachsenden finanziellen und wirtschaftlichen Abhängigkeit von amerikanischen Krediten. Erst mit den USA als Kriegspartei schien deren Fortsetzung gesichert. Wie begründet die britischen Befürchtungen waren, erwies sich im Sommer 1917. Von April bis Juni dieses Jahres hatten die USA der britischen Regierung bereits Kredite in Höhe von insgesamt einer Milliarde US-Dollar gewährt. Doch als sich das Bankhaus J. P. Morgan, das als wichtigste Finanzagentur Großbritanniens in den USA operierte, mit der Forderung nach 400 Millionen US-Dollar an das amerikanische Finanzministerium wandte, lehnte man dort zunächst ab. Die britische Regierung hatte diese Summe noch vor dem Kriegseintritt der USA aufgenommen, und Washington hatte für die Kreditsumme gebürgt.

Aber im Sommer 1917 war das Vertrauen der Märkte in die Zahlungsfähigkeit Großbritanniens durch die Lage an der Westfront und angesichts der Destabilisierung Russlands auf einem Tiefpunkt angelangt – trotz des amerikanischen Kriegseintritts. Nun griff im britischen Kriegskabinett Panik um sich. Dem amerikanischen Botschafter erklärte man Mitte Juli 1917: «Falls es zu einem finanziellen Zusammenbruch kommen sollte, wäre das ein massiver, vielleicht tödlicher Rückschlag für die Sache der Alliierten [...] Die ganze finanzielle Struktur der Allianz würde dann zerbrechen. Diese Konsequenz wäre dann keine Sache von Monaten, sondern von Tagen.»[17] Doch zu keinem Zeitpunkt wurde die Ressourcenkrise zu einem amerikanischen Instrument, um London und Paris zu einem Verständigungsfrieden zu bewegen. Vielmehr verfolgte der amerikanische Finanzminister William Gibbs McAdoo schon jetzt das Ziel, die militärische Position der USA langfristig auf Kosten Großbritanniens zu verbessern. Entsprechend forderte er die Regierung in London auf, die britischen Rüstungsinvestitionen zu begrenzen, was das Gewicht der US-Marine langfristig verstärkt hätte.[18]

Aber die wirtschaftliche Abhängigkeit war nicht einseitig. Als Vertreter der amerikanischen Industrie den amerikanischen Präsidenten Woodrow Wilson ab 1915 zu höheren Krediten drängten, verwiesen sie ausdrücklich darauf, dass die Regierungen in London und Paris damit amerikanische Kriegsgüter kaufen und importieren würden. Schon zu diesem Zeitpunkt, also lange vor dem Kriegseintritt der Vereinigten Staaten, hatte die kriegsbedingte Nachfrage enorme Bedeutung für die amerikanische Wirtschaft. So argumentierten auch Beamte des State Department, dass eine britische Kreditkrise erhebliche Folgen für die Industrieproduktion und die Arbeitslosigkeit in den Vereinigten Staaten hätte. Die Ausweitung der Kredite, die schließlich auf ein Volumen von zwei Milliarden Dollar anwachsen sollten, versetzten Großbritannien und Frankreich in die Lage, den Krieg fortzusetzen, aber sie machten auch die Wirtschaft der USA abhängiger von der europäischen Nachfrage nach kriegswichtigen Gütern.[19] Als die westeuropäischen Regierungen 1918 damit drohten, kein amerikanisches Schweinefleisch mehr zu importieren, löste dies eine Krise in der amerikanischen Landwirtschaft aus. Diese Konstellation sollte ab 1918 direkte Auswirkungen auf die Friedenspolitik haben, denn sie begrenzte die Versuche des amerikanischen Präsidenten, durch Verweis auf die Schuldensituation politische Zugeständnisse von London oder Paris zu erreichen. Die Führungen in London und Paris wussten um die Abhängigkeit der amerikanischen Wirtschaft von den Exporten nach Europa.[20]

Erst in der Endphase des Krieges wurde die Ressourcenfrage zu einem Faktor, den auch die deutsche Führung nicht länger ausblenden konnte, und erst dann war die Oberste Heeresleitung auch wirklich zu politischen Konzessionen bereit. Als einer der Chefs der Dritten Obersten Heeresleitung hatte General Erich Ludendorff bis dahin viel eher dazu geneigt, immer wieder alles auf eine Karte zu setzen, als echte Friedenschancen auszuloten. So vertraute er angesichts des amerikanischen Kriegspotenzials seit 1917 auf den unbeschränkten Einsatz deutscher U-Boote. Sie konnten im letzten Kriegsjahr zwar zunächst mehr Tonnage zerstören, als die Alliierten zu kompensieren vermochten, aber im Gegensatz zu den ungenügend geschützten Handelsschiffen kamen die in geschützten Konvois organisierten amerikanischen Truppentransporter praktisch unbeschädigt nach Europa. Zwischen Mai 1917 und November 1918 konnten deutsche U-Boote nur zwei dieser Schiffe versenken. Fast 2,1 Millionen US-Soldaten erreichten Europa und nur 68 kamen auf dem Weg dahin ums Leben. Der beschleunigte Ausbau der transatlantischen Transportkapazitäten versetzte die Alliierten im Laufe des Jahres 1918 in die Lage, große Mengen an Menschen und Material an die Westfront zu transportieren – und es war ganz wesentlich die dadurch ermöglichte Fähigkeit, die eigenen, in der Endphase des Krieges extrem hohen Verluste besser zu kompensieren als die deutschen Truppen, die den Kriegsausgang bestimmte. Als der Waffenstillstand im November 1918 unterzeichnet wurde, verfügten die USA über 1,4 Millionen Mann an der europäischen Front, und damit in etwa über die gleiche Zahl von Soldaten, die Deutschland insgesamt für die letzte große Offensive mobilisiert hatte. Dazu kamen noch einmal 700 000 Mann in den europäischen Ausbildungslagern und weitere zwei Millionen Soldaten, die in den USA bereitstanden. Insgesamt befanden sich Ende 1918 mehr amerikanische Truppen auf dem europäischen Kontinent als Soldaten aus Großbritannien und den Dominions zusammengenommen.[21]

Viele der Erfahrungen aus dem Ersten Weltkrieg wiederholten sich ab 1937/39. Auch im Zweiten Weltkrieg überstiegen Materialverbrauch und Rüstungsproduktion alle früheren Entwicklungen. So stellte Deutschland 1943 24 800 Flugzeuge, 270 Schiffe, größtenteils U-Boote, 17 300 Panzer und 27 000 Geschütze fertig. Dagegen lag die Gesamtproduktion der USA, Großbritanniens und der Sowjetunion in diesem Jahr bei rund 147 200 Flugzeugen, 2900 Schiffen, 61 000 Panzern und 210 000 Geschützen. Den extrem hohen Verschleiß illustriert die Tatsache, dass ein sowjetisches Feldgeschütz im Durchschnitt drei Monate hielt. In der

Phase der besonders intensiven Kämpfe zwischen 1941 und 1942 verloren die Sowjets jede Woche ihre halbe Luftwaffe und zehn Prozent ihrer Panzer. Bis zum Schluss des Krieges steigerte sich der Materialverbrauch immer weiter, und zu Beginn der Schlacht um die Seelower Höhen im April 1945 feuerten sowjetische Geschütze über eine Million Granaten ab.[22]

Doch obwohl in diesem Krieg die Verfügbarkeit über Ressourcen Kippmomente des Kriegsverlaufs bestimmte, ging davon kein unmittelbarer Zwang zu Konzessionen oder Friedenssondierungen aus. 1940 war die deutsche Kriegsproduktion der britischen um das Dreifache überlegen und konnte ihren Vorsprung durch die im Rahmen des Hitler-Stalin-Pakts zugesicherten sowjetischen Rohstofflieferungen zunächst weiter ausbauen. In einem langen Krieg würden knappe Devisenreserven, der Mangel an Rohstoffen und die unzureichende Zahl von Arbeitskräften absehbar zu einem Problem werden. Die finanziellen und wirtschaftlichen Ressourcen wie die Rohstoffzugänge der Westmächte und der Vereinigten Staaten würden dann die kriegswirtschaftlichen Möglichkeiten Deutschlands um ein Vielfaches übersteigen. Daher blieben in der Einschätzung der deutschen Führung möglichst kurze Feldzüge unter Einsatz aller Kräfte und eine gesteigerte Risikobereitschaft entscheidend.

So verließen sich Hitler und die militärische Führung nach dem erfolgreichen Westfeldzug 1940 auf die unter Beweis gestellte Mobilität und Schnelligkeit der Wehrmacht, als der Angriff auf die Sowjetunion im Juni 1941 mit 136 Divisionen begann. In den nächsten sechs Monaten verloren die sowjetischen Streitkräfte über 8000 Flugzeuge, 17000 Panzer und vier Millionen Soldaten. Deutsche Truppen besetzten Smolensk und Kiew, schlossen Leningrad ein, standen vor Moskau und beherrschten bald auch die wichtigsten Agrar- und Industrieregionen des Landes. Aber bereits ab Oktober 1941 stockte die Offensive, weil die deutsche Führung keine Lösung für zwei miteinander verbundene Probleme fand. Zum einen wiederholte sich das bereits 1812 offensichtliche Dilemma, dass der erfolgreiche Vormarsch die Versorgungslinien verlängerte und den Transport von Munition, Treibstoff und anderen kriegswichtigen Gütern immer schwieriger machte. Die unabsehbare Tiefe des Raumes kostete wiederum Zeit und brachte ab Oktober 1941 die Wetterverhältnisse ins Spiel. Zum anderen und direkt damit verbunden stellte sich das operative Problem, motorisierte Verbände und Infanterie effektiv zu koordinieren. Denn im Gegensatz zum Mythos eines erfolgreichen «Blitzkrieges» waren nur wenige deutsche Einheiten wirklich konsequent motorisiert. Beim Überfall auf die Sowjetunion wurden im Juni 1941 3350 deutsche Panzer, aber 650 000 Pferde eingesetzt. Der Großteil der deutschen Infanterie blieb also wie im Ersten Weltkrieg auf Pferdefuhrwerke angewiesen. Während eines kurzen Feldzuges in einem begrenzten Operationsgebiet wie in Westeuropa 1940 ließ sich dieses Problem noch lösen. In Osteuropa und der Sowjetunion mit einem durch die deutschen Vorstöße immer größer werdenden Operationsgebiet wurde es entscheidend.[23]

Aus alliierter Sicht markierte die erste Dezemberwoche 1941 einen Kippmoment des Krieges, als am 5. Dezember die sowjetische Gegenoffensive einsetzte, die deutschen Stellungen vor Moskau aufbrach und damit die Regenerationsfähigkeit der Roten Armee unter Beweis stellte. Als Hitler dann am 11. Dezember nach dem japanischen Angriff auf Pearl Harbour auch noch die deutsche Kriegserklärung an die USA verkündete, sah der britische Kriegspremier Winston Churchill darin den eigentlichen Augenblick der Rettung. Er machte sich keine Illusionen über die bevorstehenden Opfer, konnte aber ab diesem Zeitpunkt auf die amerikanischen Ressourcen und das sowjetische Potenzial rechnen: «Damit hatten wir dennoch gesiegt! […] Katastrophen, unübersehbare Opfer und Nöte lagen vor uns, aber das Ende stand außer Zweifel [...] Übersättigt von Aufregung und Gefühlsstürmen, ging ich zu Bett und schlief dankbar den Schlaf des Geretteten.»[24]

Einen weiteren Kipppunkt für den Krieg um Ressourcen markierte danach der Einsatz der U-Boot-Flotte im Atlantik, der als Zermürbungskrieg durch materielle und technische Überlegenheit entschieden wurde. Zunächst operierten deutsche U-Boote sehr erfolgreich und versenkten zwischen Juni und September 1940 274 Schiffe der westlichen Verbündeten, während nur zwei deutsche U-Boote verloren gingen. Ab 1942 nahmen die Verluste der Alliierten durch die amerikanischen Kriegsleistungen noch einmal erheblich zu, weil die amerikanische Marine zunächst keine Sicherheitsvorkehrungen traf. Ab Februar 1943 aber schlug sich der Ressourcenvorteil der Alliierten nieder. Zur Fähigkeit, deutsche Nachrichten zu dechiffrieren, kamen neue Ortungsmöglichkeiten sowie effektivere Waffensysteme gegen U-Boote. Vor allem aber konnten die Alliierten ab Februar 1943 permanent mehr Schiffe und damit Transportraum herstellen, als auf dem Atlantik verloren gingen. Nachdem im Mai 1943 so viele deutsche U-Boote versenkt wurden wie nie zuvor, sah sich das deutsche Marineoberkommando gezwungen, ihren Einsatz stark einzuschränken. Dazu kam die Situation an der Ostfront, wo der Ausgang der Panzerschlacht von Kursk im Juli 1943 noch schwerer als die Kapitulation der 6. Armee in Stalingrad wog, weil sich Deutschland ab diesem Zeitpunkt von den erlittenen Verlusten nicht mehr erholen konnte.[25]

Aber trotz des amerikanischen Kriegseintritts und der militärischen Rückschläge setzte Deutschland den Krieg bis in den Mai 1945 fort und machte bis dahin keinerlei ernsthafte Friedensvorschläge. Das war möglich, weil es gelang, die deutsche Kriegswirtschaft wie nach 1914 relativ gut auf einen langfristigen Abnutzungs- und Zermürbungskrieg umzustellen, vor allem durch massenhafte Serienfertigung und eine Zentralisierung von Produktionsstrukturen. So konnte die deutsche Rüstungsproduktion zwischen 1942 und 1944 ihren Ausstoß verdreifachen. Zur Finanzierung des Krieges wurden die besetzten Länder und ihre Ressourcen immer stärker einbezogen. Das betraf Finanzen und Rohstoffe genauso wie Industriekapazitäten und Arbeitskräfte. Repression und Terror standen auch hinter dem Einsatz von Millionen ausländischer Zwangsarbeiter in der deutschen Kriegswirtschaft.[26] Deutschland konnte ab 1942 aufgrund der Ressourcenpotenziale der Alliierten nicht mehr gewinnen, aber die eigenen Maßnahmen versprachen doch eine Verlängerung des Krieges und nährten damit Hoffnungen auf eine immer noch mögliche, günstigere Konstellation.[27]

Schon im Herbst 1942 registrierte der deutsche Sicherheitsdienst in der Einstellung der deutschen Kriegsgesellschaft «eine gewisse Resignation» und «Anzeichen einer Kriegsmüdigkeit», die auf die «zunehmenden Versorgungsschwierigkeiten, drei Jahre Einschränkungen auf allen Gebieten des täglichen Lebens, die an Heftigkeit und Umfang ständig zunehmenden feindlichen Luftangriffe, die Sorge um das Leben der Angehörigen an der Front» zurückgingen.[28] Während die NS-Propaganda über den Einsatz von angeblich kriegsentscheidenden Wunderwaffen berichtete, erfuhren viele Deutsche ab 1944 fast täglich die materielle Überlegenheit der alliierten Streitkräfte in den Luftangriffen auf deutsche Städte. Hermann Stresau, geboren 1894, hatte als Bibliothekar in Berlin gearbeitet. Weil er sich weigerte, der NSDAP beizutreten und als «Nationalbolschewik» denunziert wurde, verlor er 1933 seine Stelle und arbeitete zunächst noch als Schriftsteller, Lektor und Übersetzer. In den Kriegsjahren von Berlin nach Göttingen übergesiedelt, wurde er als Hilfsarbeiter zwangsverpflichtet.[29] In seinen Tagebuchaufzeichnungen reflektierte er aufmerksam und differenziert die psychologische Wirkungsgrenze sowohl der versprochenen Wunderwaffen wie des alliierten Luftkrieges. Die Hoffnung auf eine Kriegsentscheidung durch eine letzte überragende technologische Innovation wuchs mit der Verzweiflung über die Opfer und die allgemeine Erschöpfung, wie er am 3. Juli 1944 vermerkte: «In der Partei tauchen Wunschträume auf. Einmal werden die Engländer durch V I und durch Goebbels' Propaganda dazu bewogen, mit uns zu paktieren, und zum anderen die Russen gegen jene.»[30]

Am 5. Januar 1945 beschrieb Stresau die Haltung der Deutschen angesichts des fortdauernden Luftkrieges und analysierte die Gründe, warum diese materielle Überlegenheit kein schnelles Ende des Krieges versprach. Der Krieg gleiche jetzt einem «Steilhang», den es zu überwinden gelte: «Bei voller Einsicht in die Widersinnigkeit dieses Lebens muss man's doch durchmachen, ohne viel Aussicht auf ‹bessere› Zeiten. Es ist freilich erstaunlich, welche Zumutungen der Mensch erträgt und woher er zuletzt noch den Mut zum Leben, ja nur den Willen dazu hernimmt.» Der vom Gegner ständig intensivierte Bombenkrieg diene dazu, «die Bevölkerung mürbe zu machen oder gegen die Herrschaft aufzubringen». Aber er könne sein Ziel nicht erreichen: «Käme ein Engländer oder Amerikaner auf die Idee, eine Woche lang statt Bomben Butter und Speck und Käse abwerfen zu lassen, er käme vielleicht eher zum Ziele. Aber Flugblätter mit Verheißungen und Bomben zugleich abzuwerfen, gehört zu dem witzlosen Gesicht moderner Kriege. Je totaler und elementarer die Gefahr, desto mehr befördert der Urheber einen dumpfen Widerstand. Da Nazis und Nichtnazis gleichermaßen betroffen sind (die Bonzen ausgenommen), rücken beide enger zusammen. Was sollen sie auch anderes tun? Aufstand? Ist ab ovo zum Scheitern verurteilt. So muss es also weitergehen bis zum Ende.»[31]

Die Verfügbarkeit von Soldaten und Arbeitskräften, Waffen

und Munition, Rohstoffen und Kapital, Wissen und Technologie oder ihre Erschöpfung bestimmen den Moment wesentlich mit, ab dem das Ende eines Krieges absehbar wird. Wem die Ressourcen ausgehen, der muss mit dem Kämpfen aufhören – doch materielle Überlegenheit wirkte sich in vielen Kriegen eher langfristig aus. Hinter den Hoffnungen auf manche angeblich kriegsentscheidende Innovation, zum Beispiel mit Giftgas, Feuerwalze, U-Boot, Flugzeug oder Tank den Ersten oder mit Raketenwaffen den Zweiten Weltkrieg zu entscheiden, stand oft die Verzweiflung über einen andauernden Zermürbungskrieg ohne absehbare Entscheidung. Nur in wenigen Fällen zwangen technologische Innovationen oder materielle Überlegenheit die Kriegsparteien kurzfristig und eindeutig dazu, einen Krieg zu beenden. Demgegenüber verstärkten die eigenen Erfolge, Knappheit und Mangel zu kompensieren, gerade bei den strukturell Unterlegenen den Glauben an die eigene Resilienz und die Fähigkeit, weiter durchzuhalten. Hier entwickelte sich in längeren Kriegen ein breites Instrumentarium von Innovationen und effektiverer Produktion, von der bewussten Ausweitung eines Konflikts und der Suche nach neuen Verbündeten bis hin zu Raub, Ausplünderung und Repression. Auch die Bereitschaft, bis zum Schluss alles auf eine Karte zu setzen, stand in diesem Zusammenhang. Selbst wo der Glaube an einen Sieg schwand, vertraute man darauf, den Krieg immerhin noch zu verlängern und so weiter auf eine mögliche günstigere Konstellation zu hoffen.

Die Tatsache, dass eine strukturelle Ressourcenkrise existierte, bedeutete aber noch lange nicht, dass die Akteure sie auch wahrnehmen und richtig einordnen konnten. Entscheidend war also nicht allein die objektive Verfügbarkeit von Ressourcen, sondern auch die subjektive Einschätzung durch die Zeitgenossen. Den Mittelmächten fehlten ab dem Frühjahr 1917 und dem «Dritten Reich» ab 1943 die materiellen Möglichkeiten, um den Krieg noch gewinnen zu können. Während im Ersten Weltkrieg militärische Erfolge in Osteuropa und zunächst auch an der Westfront Anfang 1918 diese Tatsache noch verdecken konnten, zweifelten die meisten Deutschen spätestens ab 1943 nicht mehr daran, dass das «Dritte Reich» den Krieg verlieren würde. Doch diese Einsicht bedeutete nicht automatisch auch die innere Akzeptanz der Niederlage – und damit eine mögliche Weigerung, den Kampf fortzusetzen.

Das wiederum verweist auf zwei wichtige Faktoren im Übergang vom Krieg in den Frieden. Je repressiver die Strukturen eines Regimes waren, desto weniger mussten die Verantwortlichen in Phasen der Knappheit und des Mangels Rücksicht auf die Belastungen und das Leid der Menschen nehmen. Das zeigte sich seit 1939 in der brutalen Ausplünderung besetzter Gesellschaften, der unmenschlichen Praxis der Zwangsarbeit und am Ende in Hitlers Bereitschaft, lieber die ganze deutsche Gesellschaft untergehen zu lassen, als eine Wiederholung der Niederlage von 1918 zuzulassen. Umgekehrt bewiesen Frankreich und Großbritannien im Ersten Weltkrieg, wie sich schwere, durch Ressourcenkrisen ausgelöste politische und soziale Konflikte lösen ließen. Auf Meutereien und Streiks reagierte die französische Führung im Frühjahr 1917 mit einer glaubwürdigen Lastenverteilung, ohne die es die Remobilisierung in den letzten Kriegsmonaten nicht gegeben hätte.

Und schließlich gehört zum Blick auf die Ressourcen im Krieg immer auch die Frage, wofür ein Staat eigentlich kämpft. Ein Staat, der in einem militärischen Konflikt in seiner Existenz gefährdet ist, muss anders auf Ressourcen zugreifen und den Umgang mit Mangel anders organisieren als ein Staat, der nach einem Frieden mit territorialen Einbußen oder Prestigeverlust rechnen muss, aber in seiner Existenz nicht grundlegend infrage gestellt ist.

VI. Verlängerte Waffenstillstände

Nicht jeder Krieg endet mit einem formalen Frieden.

Zwischen den beiden Ereignissen lagen etwas mehr als zwei Jahre. Aber zusammengenommen stellten sie auf dramatische Weise die beiden Möglichkeiten dar, wie in der Neuzeit Kriege enden konnten.[1] Am 27. Januar 1973 kam es in Paris nach langen und schwierigen Verhandlungen zur Unterzeichnung eines Abkommens «über die Beendigung des Krieges und die Wiederherstellung des Friedens in Vietnam». Das Dokument trug die Unterschriften der Außenminister der Demokratischen Republik Vietnam (Nordvietnam), der Republik Vietnam (Südvietnam), der Nationalen Front für die Befreiung Südvietnams und der Vereinigten Staaten. Die Bestimmungen schienen das komplette Instrumentarium eines Friedensvertrages zu umfassen: Die USA und «alle andere Staaten» erkannten die Unabhängigkeit, Souveränität, Einheit und territoriale Integrität Südvietnams gemäß dem Genfer Abkommen von 1954 an. Ein Waffenstillstand auf der Basis des Status quo und ein amerikanischer Truppenabzug innerhalb von 60 Tagen wurden genauso vereinbart wie ein Ende ausländischer militärischer Interventionen in Laos und Kambodscha. Beide Länder durften auch nicht mehr als Basis für Operationen in Vietnam genutzt werden.

Mit der Einrichtung eines «Nationalen Rats für nationale Versöhnung und Einheit» aus der Regierung Südvietnams, der Nationalen Befreiungsfront und weiteren neutralen Gruppen sollten die Bestimmungen des Abkommens umgesetzt und freie Wahlen in Südvietnam organisiert werden. Selbst die Möglichkeit einer Wiedervereinigung des Landes, gestützt auf einen langfristigen Verhandlungsprozess, wurde in dem Dokument erwähnt. Vertrauensbildend sollte auch das Verbot militärischer Aufrüstung in Südvietnam und der Austausch von Kriegsgefangenen sowie ausländischen Zivilisten wirken. Eine Internationale Kontrollkommission, zusammengesetzt aus Repräsentanten Indiens, Kanadas, Polens und Ungarns, versprach eine neutrale Überwachung des Waffenstillstandes.

Doch das Ende des Vietnamkrieges bedeutete das Dokument von Paris nicht. 27 Monate später, am 30. April 1975, unterzeichnete General Duong Van Minh als letzter Präsident der Republik Vietnam in einer denkbar kurzen Zeremonie im Drachenkopf-Palast von Saigon, dem heutigen Unabhängigkeitspalast, die bedingungslose Kapitulation gegenüber Repräsentanten der Provisorischen Revolutionären Regierung der Nationalen Befreiungsfront. Zum Symbol des Kriegsendes wurden jedoch die Bilder amerikanischer Helikopter, die am Tag vor der Kapitulation auf dem Dach der amerikanischen Botschaft in Hanoi landeten und Botschafter Graham Martin als ranghöchsten Vertreter der USA, des bis zuletzt wichtigsten Verbündeten Südvietnams, Botschaftsangehörige und hochrangige Südvietnamesen in Sicherheit brachten. Symbolisch für den ersten Krieg ihrer Geschichte, den die USA nicht gewonnen hatten, waren auch die Aufnahmen vom Deck eines amerikanischen Flugzeugträgers, der im Südchinesischen Meer kreuzte und von dem Marinesoldaten Helikopter und anderes Großgerät ins Meer warfen. So versuchten sie für die permanent anfliegenden Hubschrauber Platz zu schaffen, die weitere Ausländer und Südvietnamesen an Bord brachten, die mit den Amerikanern kooperiert hatten und nun befürchten mussten, schutzlos der Rache der Sieger ausgeliefert zu sein.[2]

Das Pariser Abkommen vom Januar 1973 stand für einen Kompromiss auf der Basis schwieriger Verhandlungen, die allerdings immer wieder unterbrochen worden waren, um die eigene Position durch militärische Offensiven zu verbessern. Umgekehrt markierten die dramatischen Tage Ende April 1975 die bedingungslose Kapitulation nach einem eindeutigen Sieg Nordvietnams über das Militär des südvietnamesischen Gegners. Aus der Perspektive des April 1975 erschien der Januar 1973 nur noch als ein temporärer Waffenstillstand, eine taktische Unterbrechung des Krieges, bis eine Seite sich stark genug fühlte, um den Kampf wiederaufzunehmen. Aber nicht erst aus der Retrospektive ließ sich die Kritik an einem Friedensabkommen so formulieren. In seiner monumentalen Geschichte des Zweiten Weltkrieges zitierte Winston Churchill die Einschätzung des Versailler Friedensvertrages durch den französischen Marschall Foch. Er war der Zeremonie zur Unterzeichnung am 28. Juni 1919 aus Protest gegen die seiner Meinung nach unzureichenden Bestimmungen ferngeblieben: «Das ist kein Friede. Das ist ein Waffenstillstand für zwanzig Jahre.»[3]

Historisch hatten sich für den Weg vom Krieg in den Frieden Etappen herausgebildet, die seit dem 19. Jahrhundert völkerrechtlich präziser festgelegt wurden. Eine lokale Waffenruhe zielt auf begrenzte Zwecke wie etwa die Bergung von Verwundeten aus einem Kampfgebiet. Demgegenüber geht die schriftlich fixierte Vereinbarung eines Waffenstillstandes zwischen den Kriegsparteien deutlich weiter. Neben Vereinbarungen über die Einstellung der Kämpfe für einen längeren Zeitraum, der mit Verlängerungen bis zu einem formalen Friedensvertrag reichen sollte, konnte ein solches Dokument auch genauere Angaben enthalten. Sie bezogen sich etwa auf Demarkationslinien, den Verbleib von Truppenteilen, den Austausch von Kriegsgefangenen oder auch Maßnahmen zur Entwaffnung. Dahinter stand idealtypisch das von allen Kriegsparteien geteilte Ziel, mit einem Waffenstillstand eine erste stabilisierende Vorstufe zu einem Friedenszustand zu erreichen. Angesichts der möglichen Dauer formaler Friedensverhandlungen über Monate oder sogar Jahre sollten Waffenstillstandsvereinbarungen dazu beitragen, den Weg vom Krieg in den Frieden zu strukturieren und Kampfhandlungen auch unterhalb der formalen Beendigung des Kriegszustandes zu unterbinden. Als Ergebnis der Bemühungen, Kriege stärker zu verrechtlichen, definierte Artikel 36 der Haager Landkriegsordnung von 1907 einen Waffenstillstand als Unterbrechung von «Kriegsunternehmungen kraft eines wechselseitigen Übereinkommens der Kriegsparteien». Sei eine «bestimmte Dauer nicht vereinbart worden», könnten die «Kriegsparteien jederzeit die Feindseligkeiten wieder aufnehmen.» Im Rahmen der Genfer Konventionen wurden die Unterzeichner von Waffenstillstandsverträgen zudem dazu verpflichtet, die Rückkehr von internierten Zivilisten und Kriegsgefangenen zu ermöglichen.[4]

Die Neuzeit kannte seit dem 17. Jahrhundert neben Waffenruhe und Waffenstillstand auch die Unterscheidung zwischen Vorfrieden und Definitivfrieden. Als Präliminarien wurden jene Verhandlungen bezeichnet, die der Formulierung grundlegender Aspekte eines künftigen Friedensvertrages dienten. Erstmals für den Hamburger Präliminarfrieden von 1641 als Terminus verwendet, waren so seit dem 17. Jahrhundert viele Friedensverhandlungen eingeleitet worden. Immer ging es dabei darum, einen unabsehbar langen Konflikt zu verhindern, eine möglichst rasche und verlässliche Einstellung der Kämpfe zu erreichen und eine sichere Grundlage für Verhandlungen zu schaffen. Das war so zum Beispiel im Abkommen von Villafranca im Juli 1859 nach dem Krieg zwischen Österreich, Sardinien-Piemont und Frankreich der Fall, aber auch im Vorfrieden von Nikolsburg nach der Niederlage Österreichs 1866 und erneut im Präliminarfrieden von Versailles im Februar 1871, der dem Frankfurter Friedensvertrag zwischen dem Deutschen Kaiserreich und der Französischen Republik vom Mai 1871 vorausging.[5]

Dieses historische Verlaufsmuster von Waffenstillstand, Präliminarfrieden und Definitivfrieden erodierte im frühen 20. Jahrhundert, und im Verlauf des 20. Jahrhunderts sollten immer weniger Kriege überhaupt noch mit einem formalen Friedensvertrag zu Ende gehen. Für diese Entwicklung kam dem Ende des Ersten Weltkrieges die Rolle eines Scharniers zu, als tradierte Vorstellungen über das Ende von Kriegen auf neuartige Erfahrungen und Bedingungen trafen. Max Webers Einschätzung vom Januar 1918, dass alle Lebensbereiche von der Grundfrage berührt würden, «wie dieser Krieg zu Ende geht»,[6] galt insofern nicht nur für den Ersten Weltkrieg. Vielmehr legten die Umstände der Waffenstillstände vom Herbst 1918 mit den unterlegenen Mittelmächten drei grundlegende Probleme von Waffenstillständen im ganzen 20. Jahrhundert offen.

Erstens offenbarten sie, wie schier unüberbrückbar nach über vier Jahren das Misstrauen zwischen den Kriegsgegnern geworden war. Denn die Bestimmungen der Waffenstillstände mit Deutschland, Österreich und dem Osmanischen Reich gingen weit über traditionelle Vereinbarungen hinaus. Vor allem im Falle Deutschlands formulierten die Sieger zahlreiche detaillierte Sicherheitsgarantien, von der Auslieferung schwerer Waffen und kriegswichtiger Güter wie Eisenbahnen bis zur Besetzung großer Gebiete links und rechts des Rheins. Auch nach über vier Jahren schien der Gegner, der seit Frühjahr 1918 seine Offensivkraft bewiesen hatte, als nur mit amerikanischer Hilfe ein anhaltender Durchbruch an der Westfront verhindert worden war, noch immer gefährlich. Zu dieser Wahrnehmung trug auch das Verhalten der deutschen Kommandeure in der Endphase des Krieges bei. In Nordfrankreich hatten sie systematische Zerstörungen angeordnet, während die deutsche Marineführung eher bereit war, eine militärisch sinnlose Schlacht zu riskieren, als den Alliierten die Flotte kampflos auszuliefern. Eine effektive politische Kontrolle der deutschen Militärelite existierte nicht. Angesichts von Millionen von Opfern und der auch bei den Alliierten erschöpften Heimatgesellschaften führte das anhaltende Misstrauen gegenüber Deutschland dazu, dass der Waffenstillstandsvertrag bereits viele Elemente der späteren Friedensbestimmungen vorwegnahm. Das aber bedeutete eine Selbstbindung der Sieger und einen Verlust an Flexibilität und Kompromissfähigkeit. Während die britische Blockade der deutschen Seehäfen faktisch eine Fortsetzung des Krieges mit anderen Mitteln bedeutete, erzwang der französische Marschall Foch in den Verhandlungen vor dem 11. November die formale Bitte der Deutschen um einen Waffenstillstand als demonstrative Geste der Unterwerfung. Hier deutete sich bereits die Praxis der symbolischen Demütigung und verweigerten Kommunikation gegenüber den Besiegten an, welche die folgenden Monate bestimmen sollte.[7]

Zweitens brechen im Augenblick des absehbaren Sieges sehr oft die Differenzen der im Krieg noch Verbündeten auf – das wiederholte sich auch seit Herbst 1918, als die Alliierten und die USA es vermochten, den Krieg gemeinsam zu gewinnen, aber den Frieden zu verlieren. Durch die Vierzehn Punkte des amerikanischen Präsidenten Wilson vom Januar 1918 und den Notenwechsel zwischen Washington und Berlin im Oktober und November 1918, mit dem die Waffenstillstandsverhandlungen vorbereitet und der Übergang Deutschlands zu einer parlamentarischen Monarchie eingeleitet wurden, waren die Vereinigten Staaten zunächst in eine dominante Position gelangt. Zudem war durch den Kriegsverlauf das wirtschaftliche, finanzielle und militärische Gewicht der USA enorm gestiegen, sodass man in Washington hoffte, Frankreich und Großbritannien auf das eigene Friedensprogramm einschwören zu können. Dagegen fürchteten die Regierungen in Paris und London, dass ein noch längerer Krieg angesichts der Erschöpfung der eigenen Kriegsgesellschaften das Gewicht der USA stärken und ihre eigene Position auf der Friedenskonferenz schwächen könnte. Schon seit Anfang Oktober 1918 hatten sich diese Spannungen in der Frage offenbart, wie man mit Deutschland nach der Niederlage umgehen sollte. Der von Paris und London präferierte baldige Waffenstillstand würde der sicherste Weg sein, den Krieg so schnell wie möglich zu beenden, eine bedingungslose Kapitulation mit anschließender Besetzung des Landes dagegen würde ihn potenziell verlängern. Der Waffenstillstand vom 11. November 1918 bedeutete vor diesem Hintergrund einen Kompromiss, denn er enthielt Bedingungen, die einer totalen Niederlage Deutschlands nahekamen, ohne formell eine bedingungslose Kapitulation zu sein. Während die französische und britische Führung den Vierzehn Punkten als Basis der Friedenssuche zustimmten, freilich ohne die darin enthaltene «Freiheit der Meere» oder den Reparationsbegriff präzise zu definieren, akzeptierte die amerikanische Regierung härtere Waffenstillstandsbedingungen für Deutschland, vor allem die Besetzung des Rheinlandes.[8] So ließ sich Wilson auf einen Kompromiss ein, um die Gegensätze der im Krieg Verbündeten nicht eskalieren zu lassen. Doch gingen davon widersprüchliche Signale aus.[9]

Das zeigte sich, *drittens*, in den falschen Erwartungen bei den unterlegenen Deutschen. Viele Deutsche waren auf das Eingeständnis der Niederlage im Herbst 1918 nicht vorbereitet – umso weniger, nachdem man den Weltkrieg in Osteuropa durch den Friedensvertrag von Brest-Litowsk im März 1918 faktisch gewonnen, die deutsche Propaganda bis zum Spätsommer 1918 ein Durchhalten für einen noch immer möglichen Siegfrieden im Westen vertreten hatte und auch im November 1918 kein alliierter Soldat auf deutschem Territorium stand. Die Diskussion um die

Möglichkeit eines «Volkskrieges» gegen die Alliierten an den Grenzen des eigenen Landes verwies in dieser Situation auf die verbreitete Verzweiflung darüber, dass so viele Opfer in über vier Jahren am Ende in einen Waffenstillstand mit harten Bestimmungen mündeten. Zugleich konnte man wie Walther Rathenau oder Max Weber argumentieren, dass eine solche Fortsetzung des Kampfes zumindest die Hoffnung auf bessere Friedensbedingungen enthielt. Noch einmal wiederholte sich hier die Logik der Kriegsverlängerung auf Basis der Begründung, dass man mit vorschnellen Konzessionen auch in einem Waffenstillstand die eigene Nation verraten könne.[10]

Nachdem die deutschen Militärs die Option ausschlossen, den Kampf fortzusetzen, konzentrierte sich die deutsche Politik auf die Möglichkeit eines Verständigungs- und Rechtsfriedens ohne Annexionen und Kontributionen, einen «Frieden ohne Sieger», den man mit dem Programm des amerikanischen Präsidenten identifizierte. Und genau hier schuf der Waffenstillstand das Problem der unklaren Signale. Denn die deutschen Politiker und Diplomaten beriefen sich auf Wilson in der Erwartung, dass er die radikalen Forderungen gegenüber Deutschland zumal in der französischen Führung würde eindämmen können. Diese Position stützte sich auf die Anerkennung der Vierzehn Punkte als Grundlage der Friedenskonferenz durch alle Kriegsbeteiligten. Die Annahme der Waffenstillstandsbedingungen betrachtete man in Berlin daher als notwendige, aber lediglich temporäre Konzessionen, um die Voraussetzungen für Friedensverhandlungen auf Augenhöhe zu schaffen. In diesen wollte man dann die Interessengegensätze der Sieger ausnutzen – so wie Talleyrand das für Frankreich 1814 in Wien getan hatte. Doch genau dazu kam es 1919 in Paris nicht, weil den Unterlegenen in den kommenden Monaten kein Forum für echte Verhandlungen geboten wurde.[11]

Offiziell begann die Pariser Konferenz im Januar 1919 als «Vorbereitende Friedenskonferenz» («Conférence des Préliminaires de Paix»), die noch in der Tradition von älteren Vorbildern zu stehen schien und der die Aufgabe zukam, Kompromisse zwischen den Positionen der Sieger als Grundlage für die Details eines Definitivfriedens auszuarbeiten.[12] Der britische Diplomat Harold Nicolson betonte, dass man ursprünglich «zweifellos an einen Präliminarfrieden gedacht» habe, «dessen Bedingungen im Voraus von den Siegermächten festgesetzt werden würden». Über Details wie Abrüstungen, die Auslieferung der Flotte und Gebietsabtretungen wäre dann unter Beteiligung der Vertreter der Unterlegenen verhandelt worden, und die Friedenskonferenz wäre zu einem Friedenskongress erweitert worden: «Im Unterbewusstsein schwebte uns eine ‹Konferenz› der Alliierten vor, der dann ein ‹Kongress› aller Kriegführenden und Neutralen folgen würde. Der ‹Konferenz› entsprach der Begriff ‹Präliminarfrieden›, dem ‹Kongress› entsprach der Begriff ‹Endgültiger Friede›. Der ‹Präliminarfriede› war einem besiegten Gegner durch Gewalt aufzuerlegen; der ‹Endgültige Friede› war eine Sache von Verhandlungen aller Welt und eine Sache der Zustimmung aller Welt.»[13]

Warum geschah das nicht? Gegen diesen Verlauf sprach zum einen ein anhaltendes Misstrauen der Sieger gegenüber dem unterlegenen Deutschland, das auch das Ende der Hohenzollern, der Wechsel zur demokratischen Republik und eine neue sozialdemokratisch dominierte Reichsleitung nicht ausgeräumt hatten. Dieselben noch im Kaiserreich sozialisierten Diplomaten, die sich im Frühjahr 1919 auf einen Rechtsfrieden beriefen, hatten nur wenige Monate zuvor gegenüber den Bolschewiki in Brest-Litowsk einen brutalen Frieden durchgesetzt, auf den das Etikett Diktat wirklich passte. Hinzu kam die innenpolitische Situation der Siegermächte, denn die Heimatgesellschaften erwarteten eine politische und ökonomische Friedensdividende, und viele Friedensmacher standen in Paris unter dem Eindruck des demokratischen Legitimationstests in Wahlen. Ab dem Frühjahr 1919 schließlich wurde der Zeitdruck der Konferenz bei gleichzeitiger Problemdichte so groß, dass die Idee eines Präliminarfriedens mit anschließenden Verhandlungen immer mehr in den Hintergrund rückte. Die Mitglieder der zahllosen Ausschüsse begannen nun mit der Formulierung konkreter Artikel, während es weiterhin keinerlei Verhandlungen mit den Unterlegenen gab.[14]

Harold Nicolson kritisierte entsprechend, «dass die leitenden Mächte während der ersten Stadien der Konferenz niemals Klarheit darüber schafften, ob der Friedensvertrag, an dem gearbeitet wurde, ein endgültiger Text sein sollte, den man Deutschland aufzwingen wollte, oder nur eine zwischen den Alliierten vereinbarte Grundlage für nachfolgende Verhandlungen mit den Deutschen auf einem endgültigen Kongress. Dieser Kongress kam nie zustande».[15] Darin steckte das *vierte* Problem des Waffenstillstandes vom November 1918: Er mündete nicht in eine Präliminarkonferenz mit anschließenden Verhandlungen, sondern in einen Definitivfrieden ohne vorherige Verhandlungen, der den Deutschen Anfang Mai 1919 mit einem Ultimatum zur Annahme übergeben wurde. Am Ende des Ersten Weltkrieges verschmolzen also Waffenstillstand und Friedensvertrag aus der Perspektive der Deutschen zu «Diktat» und «Verrat». Das belastete die Glaubwürdigkeit der Nachkriegsordnung und ihrer neuen Institutionen, denn aus der Perspektive der Unterlegenen erschien der Völkerbund, von dem sie zunächst ausgeschlossen blieben, wie ein Instrument zur Durchsetzung eines ungerechten Friedens.

Zeigten sich bereits 1919 die enormen Probleme, von einem Waffenstillstand zu einem Friedensvertrag zu gelangen, endeten seit 1945 immer mehr Konflikte ohne einen formalen Friedensvertrag. Im Februar 1947 kam es zwar noch einmal zum Abschluss von Friedensverträgen zwischen den Alliierten und Italien, Bulgarien, Rumänien, Ungarn und Finnland, im September 1951 dann zwischen den westlichen Alliierten und Japan in San Francisco und schließlich zwischen den Alliierten und Österreich in einem Staatsvertrag im Mai 1955.[16] Dagegen wurde mit Deutschland schon deshalb kein Friedensvertrag abgeschlossen, weil es mit der bedingungslosen Kapitulation völkerrechtlich keinen handlungsfähigen deutschen Staat mehr gab – von den anlässlich der Potsdamer Konferenz aufbrechenden Konflikten der im Krieg Verbündeten ganz abgesehen, die schon jetzt über die Frage der Behandlung Deutschlands hinausgingen.[17] Für Deutschland entstand ein neuartiger Status in einem politisch und rechtlich fragilen Niemandsland. Der Publizist und Kriminalpsychologe Hans von Hentig argumentierte 1952, dass der Charakter des Weltkrieges den Rückgriff auf ältere Formen der Kriegsbeendigung verhindert habe. Ohne formalen Waffenstillstand oder Friedensvertrag befänden sich die Deutschen seit 1945 in einem «Halbfrieden», einem Raum zwischen «Waffenstillstand und Friedensschluss», in dem das internationale Recht nicht gelte und damit Menschen der Willkür ausgesetzt seien.[18] Völkerrechtlich kam erst der im September 1990 zwischen den beiden deutschen Staaten und den vier Siegermächten des Zweiten Weltkrieges unterzeichnete Zwei-plus-Vier-Vertrag einem Friedensvertrag für Deutschland nahe, indem er die endgültige innere und äußere Souveränität des vereinten Deutschlands herstellte.[19]

Die Beendigung eines Krieges ohne formalen Frieden blieb kein Einzelfall. Während jedoch im Falle Deutschlands der nach 1945 entstandene Status während des Kalten Krieges nicht militärisch infrage gestellt und der Konflikt der Weltmächte eingefroren wurde, mündete er in Asien in blutige Auseinandersetzungen. Im Krieg zwischen Nord- und Südkorea, dem ersten der drei großen Stellvertreterkonflikte des Kalten Krieges neben dem Vietnam- und dem Afghanistankrieg, verfügten beide Seiten über militärisch starke Partner. Erhielt der Norden von China und der Sowjetunion militärische Hilfe, beschloss der Sicherheitsrat der Vereinten Nationen im Juni 1950 und in Abwesenheit der Veto-Macht Sowjetunion, UN-Truppen gegen die Invasion des Nordens nach Südkorea zu entsenden, wobei die USA die militärische Hauptlast trugen. Erst nach zwei Jahren Verhandlungsdauer kam es zu einem Waffenstillstand, dem bis heute kein Friedensvertrag gefolgt ist.

Der schwierige Weg zu diesem Waffenstillstand zeigte exemplarisch, wie mangelndes Vertrauen, anhaltende internationale Polarisierung und entsprechende Unterstützung der koreanischen Kriegsparteien eine Verhandlungslösung lange Zeit verhinderten.[20] Wie am Ende des Ersten Weltkrieges mussten nach einem jahrelangen blutigen Konflikt mit Hunderttausenden von Opfern mehrere Voraussetzungen vorliegen, um der Diplomatie eine Chance zu geben. Die militärische Bedingung für den Beginn von Verhandlungen bestand zunächst in der Stabilisierung der Front dicht nördlich des 38. Breitengrades, nachdem eine von Freiwilligenverbänden der Volksrepublik China unterstützte Offensive Nordkorea zunächst bis weit in den Süden vorrücken ließ. Unter dem Kommando von General Matthew Ridgway waren UN-Truppen im Januar 1951 nach Norden vorgestoßen und hatten den chinesischen Streitkräften schwere Verluste zugefügt. Als sie im März 1951 Seoul zurückeroberten und bis zum 38. Breitengrad vorrückten, wollte US-Präsident Truman diese Situation nutzen, um einen Verhandlungsfrieden zu sondieren.

Doch jetzt intervenierte der amerikanische Oberbefehlshaber der UN-Truppen General Douglas MacArthur und forderte die Führung in Peking Ende März 1951 auf, die Niederlage Chinas offiziell einzugestehen. Damit provozierte er nicht nur die Volksrepublik, sondern verstellte auch den Weg zu Verhandlungen und wandte sich gegen den amerikanischen Präsidenten und seine Pläne für einen Verständigungsfrieden, die zunächst nicht weiterverfolgt werden konnten.[21] Insofern erwies sich die in der amerikanischen Öffentlichkeit hoch umstrittene Entlassung MacArthurs im April 1951 als eine zweite entscheidende Voraussetzung für die Aufnahme von Waffenstillstandsverhandlungen. Er hatte nicht allein eine Ausweitung des Krieges auf das Gebiet der Volksrepublik China befürwortet, sondern in diesem Kontext auch den möglichen Einsatz von Atomwaffen diskutiert. Damit widersprach er dem Konsens der US-Sicherheitspolitik und geriet auch innerhalb der militärischen Führung der USA in eine isolierte Position.[22]

Nach ersten diplomatischen Kontakten zwischen sowjetischen und amerikanischen Vertretern, die im Mai 1951 in New York stattfanden, übermittelte der sowjetische UN-Botschafter Ende Juni das Angebot Nordkoreas, die ursprüngliche Demarkationslinie des 38. Breitengrads als Waffenstillstandslinie anzuerkennen. Erste Verhandlungen begannen am 10. Juli 1951 im nordkoreanischen Kaesŏng und wurden ab Oktober in Panmunjeom nordwestlich von Seoul fortgesetzt. Symptomatisch für das gegenseitige Misstrauen auf beiden Seiten war bereits die Organisation des Verhandlungsortes. Die in Panmunjeom errichteten Verhandlungsbaracken erhielten getrennte Eingänge für beide Delegationen auf den Stirnseiten der Gebäude, und die gesonderten Bereiche für die Teilnehmer waren nicht nur in den Baracken markiert, sondern sogar auf den Verhandlungstischen. Regelrechte Verhandlungen konnten überhaupt erst beginnen, nachdem für Panmunjeom am 22. Oktober ein eigenes Sicherheitsabkommen abgeschlossen worden war, das zwei Sicherheitszonen definierte und freies Geleit für die täglichen nordkoreanischen Konvois mit den Gesprächsteilnehmern garantierte. In zahlreichen der nicht weniger als 765 Verhandlungen saßen sich die Delegationen stundenlang schweigend gegenüber, während außerhalb der Sicherheitszonen die Kämpfe brutal fortgesetzt wurden.[23]

Das gegenseitige Misstrauen blockierte nicht nur immer wieder den Fortgang der Gespräche. Es verstärkte sich auch mit jeder Unterbrechung der Verhandlungen, die beide Seiten immer wieder für militärische Offensiven nutzten, um die eigene Position zu verbessern und die Gegenseite unter Druck zu setzen. In der Schlacht von Heartbreak Ridge im September und Oktober 1951 wollten die UN-Streitkräfte Nordkorea und seine Verbündeten zu ernsthaften Verhandlungen zwingen. Immer häufiger gingen diese Offensiven in einen verlustreichen Stellungskrieg ohne territoriale Durchbrüche über. Mitten in den Verhandlungen trat der Krieg zwischen Juli und November 1951 in eine besonders blutige Phase, in der allein die USA über 22 000 Mann verloren. Die letzte große Bodenoffensive begann sogar erst, als die Waffenstillstandsverhandlungen bereits seit drei Monaten liefen. Zur Verhärtung trug auch bei, dass die amerikanische Luftwaffe ihre Flächenbombardements nordkoreanischer Industrieanlagen und städtischer Siedlungen systematisierte, was zu enormen Opfern unter der Zivilbevölkerung führte. Pjöngjang wurde dabei fast völlig zerstört.[24]

Nach Beginn der Gespräche ab Ende Oktober 1951 zeichneten sich als Hauptgegenstände die Festlegung einer Grenze zwischen Nord und Süd, die Überwachung des Waffenstillstandes sowie eine Lösung für die Tausenden von Kriegsgefangenen ab. War bereits der Beginn der Gespräche von bestimmten Umständen abhängig gewesen, gründete auch der Abschluss des Waffenstillstandes am 27. Juli 1953 auf zahlreichen Voraussetzungen. Als größte Hürde erwies sich die Tatsache, dass nicht nur der südkoreanische Präsident Rhee und der nordkoreanische Führer Kim Il-sung, sondern auch Mao und vor allem Stalin einen Waffenstillstand ablehnten. Erst der Tod Stalins Anfang März 1953 und die von der neuen sowjetischen Führung eingeleitete kurze Entspannungsphase veränderten die Situation. Zugleich verstärkte die amerikanische Führung unter dem neuen Präsidenten Dwight D. Eisenhower den Druck auf China, indem sie andeutete, einen Angriff nationalchinesischer Truppen von Taiwan auf das chinesische Festland zu akzeptieren und im Konfliktfall auch zur Bombardierung der Mandschurei und Zentralchinas bereit zu sein.[25]

Dagegen führte die Suche nach einer Lösung der Kriegsgefangenenproblematik und vor allem der Umgang mit Rückkehrunwilligen zu erheblichen Verzögerungen. Die Vereinten Nationen beharrten auf ihrer Forderung, dass Kriegsgefangene nicht gegen ihren Willen in ihre Heimatländer zurückgeschickt werden dürften, und vor allem die amerikanische Regierung und der südkoreanische Staatschef Rhee wandten sich vehement gegen eine Zwangsrepatriierung gefangener Chinesen und Nordkoreaner, was wiederum Mao und Kim Il-sung ablehnten. Die Lösung bestand schließlich darin, eine «Neutral Nations Repatriation Commission» unter indischer Leitung zu etablieren, deren Mitglieder in einem hermetisch abgeschlossenen Bereich der Gefangenenlager mit jedem einzelnen Gefangenen sprachen, der nicht in seine Heimat zurückkehren wollte. Die «Bridge of No Return», auf der viele Gefangene ausgetauscht wurden, symbolisierte wie die Glienicker Brücke zwischen West-Berlin und Potsdam nicht allein den Ort der Entscheidung zwischen Ost und West, sondern auch eine unversöhnliche Konfrontation, die keine Perspektive auf eine Wiedervereinigung von Nord und Süd zuließ.[26]

Das Waffenstillstandsabkommen, das nach letzten verlustreichen Kämpfen am 27. Juli 1953 zwischen Vertretern der Vereinten Nationen und Nordkoreas unterzeichnet wurde, bestätigte im Kern den 38. Breitengrad als Grenze zwischen Nord und Süd und definierte eine vier Kilometer breite «Demilitarisierte Zone» entlang dieser Grenze.[27] Nach Hunderttausenden von Opfern und über 700 Treffen dauerte die Unterzeichnung der Urkunden am Ende nur 12 Minuten. So wie die Delegationen sich immer wieder schweigend gegenüber gesessen hatten, vollzogen die Anwesenden auch diesen letzten Akt völlig wortlos an zwei entfernt stehenden Tischen, sodass man sich nicht gegenüber sitzen musste.[28] Bis zum Schluss existierte keine Kommunikationsbasis, die ein minimales Vertrauensverhältnis begründete und damit die Grundlage für einen weitergehenden Friedensprozess hätte bilden können. Im Ergebnis entstand ein bis heute bestehender Konfliktraum. Zwar beendete der Waffenstillstand die militärische Eskalation von Gewalt und Gegengewalt. Aber seit 1953 kam es zu über 100 000 Verletzungen des Abkommens, und gerade Phasen der weltpolitischen Entspannung wie im Kontext der Konferenz für Sicherheit und Zusammenarbeit in Europa 1975 erwiesen sich als Höhepunkte der Konfrontation zwischen Nord- und Südkorea. Der im Waffenstillstand eingedämmte Konflikt entwickelte sich zu einem «kontinuierlichen Albtraum», in dem man sich nicht nur an Artillerieduelle und Tote in der Demilitarisierten Zone gewöhnt hat, sondern auch an Attentate und Flugzeugentführungen, die in beiden Ländern den Konflikt fortsetzten.[29] Lokale Eskalationen, permanente Drohungen und vor allem die atomare Aufrüstung Nordkoreas und seine Raketentests kennzeichnen eine durch den Waffenstillstandsvertrag eingefrorene und zugleich fragile Situation.

Vom ausgehenden 15. Jahrhundert bis ins 20. Jahrhundert stieg der Anteil von Kriegen, die mit Friedensverträgen und Friedenskonferenzen endeten, stetig, von etwa 30 auf über 80 Prozent in den ersten beiden Jahrzehnten des 20. Jahrhunderts.[30] Das war nicht zuletzt eine Folge der Entstehung moderner Staatlichkeit und zunehmender Versuche zur Verrechtlichung von Kriegen.[31]

Im 20. Jahrhundert sank diese Zahl dann auf insgesamt etwa 40 Prozent. Betrachtet man nur die Phase nach dem Ende des Zweiten Weltkrieges, lag sie sogar nur noch bei 15 Prozent. Zu dieser Entwicklung trugen die ideologische Polarisierung im Zeichen des Kalten Krieges und die lange Dauer von Konflikten bei, die nicht mehr mit formalen Kriegserklärungen begannen. In vielen Fällen traten Resolutionen des UN-Sicherheitsrates an die Stelle formaler Friedensverträge.[32] Das war zunächst in den Konflikten um Palästina der Fall, und es zeigte sich erneut im Krieg zwischen Iran und Irak. Nach einer entsprechenden Äußerung Saddam Husseins erklärte sich im Juli 1988 auch die iranische Führung unter Ruhollah Chomeini bereit, die Resolutionen des UN-Sicherheitsrates vom Februar 1986 und Juli 1987 als Basis eines Waffenstillstandes anzuerkennen, der am 20. August 1988 in Kraft trat und dem bis heute kein Friedensvertrag gefolgt ist.

Zudem wuchs nach 1945 die Zahl von Kriegen, deren Ende mit einem von außen herbeigeführten Regimewechsel einhergingen. Nach dem Irakkrieg 2003 und dem Fall Saddam Huseins war eine neue militärische Kooperation wahrscheinlicher als ein klassischer Friedensvertrag zwischen Siegern und Unterlegenen. Auch in einer weiteren Hinsicht unterscheiden sich die Kriege seit 1945 von historischen Mustern. Lange Zeit kodifizierten Friedensverträge territoriale Verschiebungen, etwa im Kontext der Nationalstaatsbildungen im 19. Jahrhundert und des Zerfalls von Empires nach 1918. In den Jahrzehnten nach 1945 trat dieses Paradigma deutlich zurück – um als russisches Ziel im Ukraine-Krieg wiederzukehren.

Schließlich führte auch die fortschreitende Kodifizierung des Völkerrechts dazu, dass mehr Staaten eine formale Kriegserklärung oder einen formalen Friedensvertrag umgingen, um durch Bestimmungen wie die Genfer Konventionen die eigene Handlungsfreiheit nicht einzuschränken.[33] Den Mechanismus dieser

Entwicklung beleuchtete das zwischen Indien und Pakistan 1972 unterzeichnete Simla-Abkommen. Gemäß der von beiden Staaten unterzeichneten und ratifizierten Dritten Genfer Konvention von 1949 mussten Kriegsgefangene unmittelbar nach Einstellung der Feindseligkeiten repatriiert werden. Nachdem Indien aber über 90 000 pakistanische Gefangene festhielt und sich auf das Recht berief, sie wegen Kriegsverbrechen vor Gericht zu stellen, und Vermittlungsgespräche scheiterten, brachte Pakistan den Fall vor den Internationalen Gerichtshof. Innerhalb von nur drei Monaten sah sich Indien gezwungen, Pakistan zur Wiederaufnahme der Gespräche einzuladen. Bis auf wenige Fälle wurden die Gefangenen ausgetauscht. Was einen Fortschritt in der Umsetzung des Völkerrechts dokumentierte, erschien vielen indischen Politikern als Warnung davor, politische Handlungsmacht im Übergang vom Krieg in den Frieden nicht zu verlieren. Denn für einen mit gegenseitigen Kriegserklärungen begonnenen und einem formellen Friedensvertrag beendeten Konflikt galten in diesem Krieg die Genfer Konventionen.[34]

Der Preis für diese Entwicklungen seit 1945 und die Abnahme der Zahl formaler Friedensverträge ist in jedem Falle hoch: Denn jeder Waffenstillstand unterhalb eines formalen Vertrages verlängert das mögliche Revisionskalkül – und macht damit die Gewaltanwendung auch unterhalb der Schwelle eines großen Krieges als Option wahrscheinlicher.

VII. Die Ambivalenz der Zeichen

Es gibt keinen Frieden ohne Kommunikation, und wer die Besiegten demütigt, macht den Frieden zum Waffenstillstand.

Ein Flusspavillon sollte die Gleichrangigkeit der Friedensstifter betonen. Unter erheblichem Zeitdruck hatten französische Festungspioniere in der Nähe der kleinen ostpreußischen Stadt Tilsit zwei Flöße gezimmert. Nachdem man sie genau in der Mitte der Memel miteinander verbunden hatte, waren auf ihnen sogar noch zwei Holzhäuser errichtet worden, die man mit luxuriösen Tapeten und kostbaren Möbeln ausstattete.[1] Der enorme Aufwand diente der Vorbereitung eines Treffens zwischen Napoleon und dem russischen Zaren Alexander am 25. Juni 1807. Die anschließenden Friedensverhandlungen dauerten bis zum 9. Juli.

Dass man sich nach der vernichtenden Niederlage Preußens in der Doppelschlacht von Jena und Auerstedt im Oktober 1806 genau in der Mitte eines Grenzflusses traf, war kein Zufall. Der Ort sollte schon symbolisch Verhandlungen auf Augenhöhe und die Möglichkeit eines gerechten Friedens nahelegen. Napoleon selbst hatte die Idee eines Monarchen-Treffens an diesem besonderen Ort vorgebracht, weil er den Fluss als künftige Grenze zwischen dem französischen Empire und dem Zarenreich ansah. Diesem Konzept einer Zweiteilung der kontinentalen Interessensphären diente die bewusste Inszenierung des Ereignisses. Einer pathetischen Versöhnung folgte Napoleons Versicherung, Russland als Allianzpartner gewinnen zu wollen und dem Zaren weitgehende Handlungsfreiheit in ganz Osteuropa zu konzedieren, wenn er im Gegenzug den französischen Herrschaftsraum in West-, Süd- und Mitteleuropa akzeptiere.

Doch der Eindruck der Gleichrangigkeit täuschte. Denn zum einen sollte sich in den kommenden Jahren zeigen, dass Napoleon auch diesen Friedensschluss lediglich als Zwischenschritt ansah und im Kontext der Auseinandersetzung mit Großbritannien schließlich 1812 bereit war, mit einer Armee von 600 000 Mann in Russland einzufallen. Zum anderen schloss die demonstrative französisch-russische Machtteilung auf dem Kontinent einen Akteur aus, der in die Rolle des gedemütigten Bittstellers gedrängt wurde. Denn erst am Tag nach dem ersten Aufeinandertreffen des Korsen und des Zaren wurde der preußische König Friedrich Wilhelm III. hinzugezogen. Der Frieden von Tilsit erwies sich für Preußen als existenzielle Bedrohung, weil Napoleon zunächst die komplette Aufteilung des Staates plante, der damit von der politischen Landkarte Europas verschwunden wäre. Nach dessen Niederlage hatte sich der russische Zar zunächst auf die Seite Preußens gestellt, doch die Koalitionstruppen hatten 1807 bei Friedland eine weitere Niederlage erlitten. Dementsprechend setzte sich Alexander in den Friedensverhandlungen zumindest für die Weiterexistenz Preußens ein. Allerdings dachte er dabei in erster Linie an eine Pufferzone zwischen seinem eigenen Empire und dem Herrschaftsgebiet Napoleons. An der Tatsache, dass Preußen die Hälfte seines Territoriums und seiner Bevölkerung einbüßte und mit einem massiven internationalen Statusverlust konfrontiert war, änderte das wenig.[2]

Schon das Monarchen-Treffen und die nachrangige Behandlung seines Königs wirkten auf viele Zeitgenossen wie eine offene Demütigung Preußens. Noch stärker trat diese Form emotionalisierter Politik hervor, als sich die preußische Königin Luise in einem Treffen mit Napoleon Anfang Juli 1807 für einen maßvollen Frieden einsetzte. Napoleons Verhalten wurde im preußischen

Selbstgefühl zu einer Art von Vergewaltigung. In der Erinnerung an den Friedensschluss von Tilsit rekurrierte man seitdem immer wieder auf den suggestiven Gegensatz zwischen Frankreich und Preußen, zugespitzt in der Dichotomie zwischen einem aggressiven Satan und einer opferbereiten Madonna.[3] Der frühe Tod Luises verstärkte die Vorstellung des persönlichen Opfergangs der jungen Königin noch. An dieses Bild knüpfte die Vorstellung einer deutsch-französischen «Erbfeindschaft» und die antifranzösische Tendenz der deutschen Nationalbewegung immer wieder an. Dass Luises Sohn, der spätere König Wilhelm I., nach dem Ausbruch des deutsch-französischen Krieges vor seiner Abreise an die Front das Grab seiner Eltern besuchte und damit die historischen Momente von 1806/07, 1813 und 1870 in einen Zusammenhang stellte, war kein Zufall.[4]

Es gibt keinen Weg aus dem Krieg in den Frieden ohne Kommunikation: Wer Frieden will, muss irgendwann miteinander sprechen, nicht zuletzt um eine Ausgangsbasis für persönliches Vertrauen zwischen den Beteiligten zu schaffen. Doch so bedeutsam Symbole und Inszenierungen im Kontext jeder Friedenssondierung und erst recht im Rahmen einer Friedensverhandlung mit großer öffentlicher Aufmerksamkeit sind, so stark lassen sie sich emotional aufladen und können in eine Demütigung der Unterlegenen münden. Jenseits der Festlegung von Grenzen, der Zuordnung von Bevölkerungen und der Zahlung von Reparationen kann eine solche emotionale Einschreibung selbst zu einem handlungsleitenden Faktor der Politik in Nachkriegszeiten werden, wenn Politiker ihr Handeln an der wahrgenommenen Verletzung der eigenen Ehre ausrichten. Wie die aus Friedensinszenierungen resultierenden Bilder und Erzählungen eine eigene Dynamik gewinnen konnten, die kaum mehr zu kontrollieren war, das Handeln von Akteuren präfigurierten und damit den Weg vom Krieg in den Frieden langfristig belasteten, erwies sich geradezu paradigmatisch in der deutsch-französischen Konfliktgeschichte. Denn lange Zeit bedeutete der Übergang in den Frieden in dieser Beziehung vor allem die Fortsetzung des Krieges mit kommunikativen und symbolischen Mitteln.

Als es 1871 nach dem militärischen Sieg über Frankreich zur Proklamation des kleindeutschen Nationalstaates kam, wählte man auf deutscher Seite dafür als Ort bewusst den Zentralraum der französischen Monarchie, was den künftigen Frieden geschichtspolitisch auflud.[5] Entsprechend erinnerte der wilhelminische Schlossprediger Bernhard Rogge in seiner Festpredigt anlässlich der Kaiserproklamation vom 18. Januar 1871 an die historische Rache für den Raub Straßburgs und die Zerstörung der Pfalz in der frühen Neuzeit: «In dem heutigen Werke sehen wir die Schmach gesühnt, die von dieser Stätte und diesem Königssitze aus dereinst auf unser deutsches Volk gehäuft worden ist.»[6] Symbolisierte Versailles 1871 das Ende der Verwundbarkeit Deutschlands gegenüber der Expansion des monarchischen, revolutionären und napoleonischen Frankreich, so setzte sich die emotionale Aufladung des Friedensschlusses unter Umkehrung der Rollen von Siegern und Unterlegenen nach dem Ersten Weltkrieg fort. Bereits der 18. Januar 1919 als Datum für die offizielle Eröffnung der Pariser Friedenskonferenz verwies darauf, dass die französische Führung die Friedenskonferenz auch als Tribunal über den deutschen Nationalstaat und seine militaristischen Grundlagen sah.

Die Begründung der Wahl von Versailles mit der programmatischen Widmung des Schlosses «à toutes les gloires de la France» hatte der französische Außenminister Stéphen Pichon bereits Ende Oktober 1918 formuliert: «Auf unserem Territorium, in Versailles, vor den Toren unserer Hauptstadt, hat Deutschland den Grundstock für seine Weltherrschaft gelegt, die es durch die Vernichtung der Freiheit der Völker aufbaute. Sollte sich nicht dort, gleichsam als Sinnbild des Triumphes der Gerechtigkeit, der Kongress versammeln, dessen wichtigster Grundsatz das Recht der Völker auf Selbstbestimmung sein wird?»[7] In seiner Rede zur offiziellen Eröffnung der Friedenskonferenz am 18. Januar 1919 interpretierte der französische Staatspräsident Raymond Poincaré die Gründung des Deutschen Kaiserreiches als Kriegsreich und historische Fehlentwicklung, die es jetzt zu korrigieren gelte: «Vor 48 Jahren, genau auf den Tag am 18. Januar 1871, wurde das Deutsche Reich von einer Invasionsarmee im Schloss von Versailles ausgerufen. Es empfing seine erste Weihe durch den Raub zweier französischer Provinzen. Es war somit befleckt schon in seinem Ursprung, und durch den Fehler seiner Gründer trug es in sich den Todeskeim. In Ungerechtigkeit geboren, hat es in Schmach geendet. Sie sind versammelt, um das Übel gutzumachen, das es angerichtet hat, und um seine Wiederkehr zu verhüten. Sie halten in Ihren Händen die Zukunft der Welt.»[8]

Als man fünf Monate später, am 28. Juni 1919, dem Tag der Schüsse von Sarajewo von 1914, im Spiegelsaal in Versailles den Weltkrieg durch die Unterzeichnung des Friedensvertrages formal beendete, waren die Emotionalisierung der Politik und die Symbolisierung von Schuld unübersehbar. Nachdem die Konferenz wegen der Interessengegensätze zwischen den Siegern mehrfach vor dem Scheitern gestanden hatte, sollte wenigstens ihr Ende einen Moment der Eindeutigkeit zwischen Sieg und Niederlage, Recht und Unrecht, Schuld und Sühne, zwischen gerechtem Triumph und verdienter Ohnmacht repräsentieren. Doch hinter der Inszenierung stand vor allem ein Versagen der politischen Kommunikation, das umso stärker hervortrat, weil die Friedenskonferenz mit ihren zahlreichen internationalen Journalisten auch ein globaler Medienmoment war. Bevor man Hermann Müller und Johannes Bell als Vertreter des Deutschen Reiches in den Saal führte, wurden fünf in ihren Gesichtern schwer verletzte französische Soldaten in der Nähe des Tisches platziert, an dem die deutschen Politiker ohne jede Aussprache die Dokumente unterzeichnen mussten. Der französische Premier Clemenceau unterstrich diese Geste noch, indem er den «cinq gueules cassés» vor dem Eintritt der deutschen Delegation stumm die Hände schüttelte. Auf Tausenden von Bildpostkarten schienen die fünf Soldaten durch ihre entstellten Physiognomien dem Krieg erst recht ein Gesicht zu geben und die Konsequenzen der Kriegsschuld zu repräsentieren.[9]

Vor dem Hintergrund der frühneuzeitlichen Konfessions- und Bürgerkriege hatten alle wichtigen Friedensverträge nach 1648 mit der Oblivionsklausel die Idee eines «wohltätigen Vergessens» enthalten. An die Stelle der institutionalisierten Amnestie trat 1919 eine neuartige Friedenskonzeption.[10] Die prinzipielle Gleichrangigkeit der Akteure und die nach den Exzessen des 17. Jahrhunderts betonte Entkriminalisierung des Feindes, die Idee des «iustus hostis», wurde verdrängt von der Vorstellung des Krieges als Verbrechen und Bruch moralischer Normen. Damit knüpfte man an die großen Hoffnungen an, mithilfe des internationalen Rechts eine universell gültige Friedensordnung auf der Basis rationaler Kriterien zu schaffen. Gerade die alliierte Kriegspropaganda hatte den Weltkrieg immer wieder als Konflikt um die Durchsetzung des Völkerrechts dargestellt. Entsprechend schien die Sprache des Rechts 1919 die einzig legitime Form für einen Friedensschluss, der etwas anderes sein sollte als das Ergebnis machtpolitischer Rivalität. Doch gleichzeitig bot diese Sprache des Rechts einen Rahmen für eine neuartige moralische Aufladung der Politik. Kategorien von Verbrechen, Schuld und Bestrafung wurden Teil der Kommunikation über den Frieden. So überlagerten sich in der Reparationsfrage politische und moralische Ökonomie, wurden Schuld und Schulden aufeinander bezogen.[11]

Die große Verbitterung in Deutschland nach 1919 gründete sich eben nicht allein auf die konkreten Bestimmungen des Friedensvertrages, sondern ebenso auf die Tatsache, dass man das eigene Land als moralischen Paria behandelt fühlte, nachdem die Konferenz formelle Verhandlungen zwischen Siegern und Besiegten nicht zugelassen hatte. Dieser Ausschluss vertrauensbildender Kommunikation verstärkte bei vielen Deutschen den Eindruck eines «Diktats». Zugleich belastete die verweigerte Kommunikation die Weimarer Republik schwer. Denn die von den Deutschen wahrgenommene Demütigung in Paris und Versailles wirkte weit über das Ende der Friedenskonferenz hinaus, grundierte die Polemik gegen die angeblichen «Erfüllungspolitiker», verstärkte die Überzeugungskraft der Dolchstoßlegende und beschädigte damit in den Augen vieler Deutscher auch die neue demokratische Ordnung. Als wenige Wochen nach der Unterzeichnung des Versailler Friedensvertrages eine Fotographie erschien, die den Reichspräsidenten Friedrich Ebert neben Reichswehrminister Gustav Noske in Badehosen zeigte, gab man das Führungspersonal der Republik der Lächerlichkeit preis, das drei Wochen nach der Unterzeichnungszeremonie entspannt die Sommerfrische zu genießen schien.[12]

Noch wichtiger wurde die langfristige Instrumentalisierung von Kriegsende, Waffenstillstand und Friedensvertrag, weil der Verweis auf die erlittene Demütigung politische Erlösungsphantasien provozierte. So ließ Adolf Hitler nach dem Sieg über Frankreich im Juni 1940 den Eisenbahnwaggon, in dem am 11. November 1918 der Waffenstillstandsvertrag unterzeichnet worden war, aus dem Museum in Compiègne herausholen und bis in Details die Zeremonie von 1918 wiederholen, nun aber mit umgekehrten Rollen von Siegern und Besiegten.[13] Für viele Deutsche endete mit diesem Tag der Weltkrieg von 1914 ein zweites Mal und diesmal mit einem unzweifelhaften deutschen Sieg. Vor allem dieser Moment ließ Hitler für viele Deutsche zu einer Erlöserfigur werden, die den Schatten der unverarbeiteten Niederlage vom November 1918 auslöschte. Die Berichte des Sicherheitsdienstes aus der zweiten Juni-Hälfte dokumentierten eine zuvor so nicht beobachtete Einheit und Geschlossenheit der deutschen Bevölkerung.[14]

Bei allen Belastungen durch zurückliegende Kriegserfahrungen konnte man den Übergang vom Krieg in den Frieden historisch auch ganz anders kommunizieren und symbolisch darstellen. Das mochte keine Garantie für einen erfolgreichen Frieden darstellen, aber es machte den Weg in den Nachkrieg jedenfalls leichter, indem es die Politik der Demütigung bewusst umging. Der österreichische Staatskanzler Metternich beharrte 1814 darauf, das militärisch unterlegene Frankreich einzubinden.[15] Im Ersten Pariser Frieden wurde das Land zunächst nicht demilitarisiert und sein Territorialbestand in den Grenzen von 1792 garantiert. Auf dem Wiener Kongress unterschieden die Siegermächte zwischen der Person Napoleon und dem Staat, der unter der zurückgekehrten Dynastie der Bourbonen so schnell wie möglich wieder in eine europäische Ordnung integriert werden sollte. Dahinter stand auch die Einsicht, dass jede Demütigung durch verweigerte Kommunikation und einen Ausschluss Frankreichs zu einer innen- und außenpolitischen Destabilisierung führen könnte. Daher musste der Dynastie ein Friedensdiktat erspart bleiben.

Diese Entwicklung war undenkbar ohne eine spezifische Kommunikationssituation: Die Monarchen und Politiker der wichtigsten europäischen Mächte waren in Wien anders als bei Friedensverhandlungen des 17. und 18. Jahrhunderts über Monate persönlich versammelt. Die regierenden Monarchen selbst wohnten ausnahmslos in der Wiener Hofburg. So sehr man divergierende Interessen verfolgen mochte, so sehr teilte man doch eine aristokratische Lebensweise und entsprechende Grundüberzeugungen.[16] Das erwies sich exemplarisch an Metternich und dem französischen Außenminister Talleyrand, der sich 1808 gegen den Expansionskurs Napoleons gewandt hatte. Er verstand es, sich jetzt nach der Rückkehr der Bourbonen als Repräsentant eines «neuen» Frankreich und glaubwürdiger Ansprechpartner zu empfehlen. In Wien konnte er eine Beteiligung an den Verhandlungen erreichen, in denen er die Interessengegensätze der Sieger nutzte, um Frankreichs Position zu stärken.[17]

Während die konkrete Arbeit in zahlreichen Komitees, Arbeitsgruppen und Kommissionen stattfand, in denen die regierenden Monarchen niemals persönlich auftraten, bot der Kongress zahlreiche Gelegenheiten für informelle Gespräche, Vorklärungen und eine Praxis der Mündlichkeit, die auch ein erhebliches Maß an Flexibilität bedeutete. Insofern war auch die oft zitierte Charakterisierung «Der Kongress tanzt» richtig und falsch zugleich: richtig, weil es tatsächlich eine Vielzahl an Bällen, Diners und gegenseitigen Ordensverleihungen gab – falsch aber, wenn damit angedeutet werden sollte, der Kongress habe damit seine eigentliche Agenda vernachlässigt. Denn in Wirklichkeit stellten viele dieser Ereignisse die Voraussetzung für eine spezifische Verdichtung persönlicher Begegnungen und die damit einhergehende Kommunikationskultur dar.[18]

Dass selbst ein besonders blutiger und im Vergleich zu den kurzen europäischen Kriegen zwischen 1815 und 1914 langdauernder Konflikt nicht in einer Demütigung der unterlegenen Seite enden musste, bewies der Ausgang des Amerikanischen Bürgerkrieges. Nach seiner Niederlage in der Schlacht von Appomattox kapitulierte General Robert E. Lee als Oberbefehlshaber der Konföderierten zusammen mit seiner Armee am 9. April 1865 gegenüber der Unionsarmee unter dem Kommando von Ulysses S. Grant. Bereits das persönliche Treffen zwischen Lee und

Grant drückte gegenseitigen Respekt aus: Grant kam als Kommandeur der siegreichen Truppen ohne Seitenwaffen zu Lee, der ihn in einer zeremoniellen Galauniform empfing. Als Lee das Haus nach der Unterzeichnung der Kapitulationsurkunden verließ und die anwesenden Soldaten der Nordstaaten zu jubeln begannen, untersagte Grant diese Reaktion der Sieger: «Ich habe jedoch sofort eine Nachricht geschickt, damit es aufhört», denn die Konföderierten seien «jetzt unsere Landsleute», über deren Untergang man nicht jubeln sollte.[19]

Vier Tage später folgte eine feierliche Parade zur Übergabe der Waffen. Die fast 28 000 verbliebenen Offiziere und Soldaten der Konföderierten durften nach Abgabe der Waffen sofort nach Hause zurückkehren. Die Offiziere durften ihre Seitenwaffen, also Säbel und Pistolen, sowie persönliches Gepäck behalten. Zusätzlich gestattete Grant den besiegten Soldaten, ihre Pferde und Maultiere mit nach Hause zu nehmen, um die Ausbringung der Saat sicherzustellen, und versorgte Lee schließlich sogar noch mit Essensrationen für seine hungernde Armee. Diese Behandlung des Unterlegenen war nicht nur die Folge einer von Grant und Lee geteilten Auffassung von militärischer Ehre. Auch der amerikanische Präsident Abraham Lincoln betonte ausdrücklich, dass dem Sieg keine Bestrafung der Konföderierten folgen dürfe: «Lasst sie alle gehen, Offiziere und Soldaten; ich will ihre Unterwerfung und kein weiteres Blutvergießen. Ich will nicht einen einzigen bestrafen; behandelt sie großzügig. Wir wollen, dass diese Leute wieder loyale Bürger der Union werden und sich den Gesetzen unterwerfen.»[20]

Fast zeitgleich, aber im Kontext ganz anderer Auseinandersetzungen, erwies sich die Fähigkeit zur Mäßigung im Augenblick des militärischen Sieges auch in Europa. Die Mäßigung setzte eine möglichst schnelle Rückkehr zur politischen Kommunikation voraus. Als preußische Truppen im Sommer 1866 Österreich und seine Verbündeten innerhalb des Deutschen Bundes in der Schlacht von Königgrätz besiegten, setzte der preußische Ministerpräsident Otto von Bismarck gegen die Wünsche Wilhelms I. und führender Militärs denkbar milde Friedensbedingungen für die Wiener Regierung durch.[21] Am 9. Juli 1866 schrieb Bismarck an seine Frau Johanna: «Wenn wir nicht übertrieben in unseren Ansprüchen sind und nicht glauben, die Welt erobert zu haben, so werden wir auch einen Frieden erlangen, der der Mühe wert ist. Aber wir sind ebenso schnell berauscht wie verzagt, und ich habe die undankbare Aufgabe, Wasser in den brausenden Wein zu gießen und geltend zu machen, dass wir nicht allein in Europa leben, sondern mit noch drei Mächten, die uns hassen und neiden».[22] Am Ende konnte er eine symbolische Demütigung der unterlegenen Gegner, etwa durch einen militärischen Vormarsch nach Österreich, eine Besetzung des Landes und eine demonstrative Siegesparade in Wien verhindern.

Das Ende der Weltkriege 1918 und 1945 unterstrich dagegen, dass die neuartigen Kriegserfahrungen, das Ausmaß der Opfer und Verbrechen, einen Rückgriff auf überkommene Kommunikationsformen so nicht mehr zuließen. Die Zeremonien der bedingungslosen Kapitulation Deutschlands in Reims am 7. und in Berlin-Karlshorst am 8. Mai 1945 waren vor allem vergleichsweise kurze Akte, denen auch keine langen Verhandlungen vorausgegangen waren. Die persönlichen Reaktionen der Beteiligten reichten von «einem versteinerten Gesichtsausdruck» der Deutschen in Reims bis zur Wahrnehmung eines Augenblicks «feierlicher Dankbarkeit» bei den Alliierten, die etwas anderes als Enthusiasmus und Triumphgefühl war. In Reims betonte Generaloberst Alfred Jodl in seiner kurzen Ansprache, dass sich Wehrmacht und deutsches Volk «auf Gnade und Ungnade» den Siegern ausgeliefert hätten. Beide hätten «in diesem Krieg mehr geleistet und mehr erduldet als vielleicht je ein Volk auf der

Erde.» Dass Jodl tatsächlich die Bitte aussprach, «dass die Sieger» mit den Deutschen «gnädig verfahren werden», stieß nicht allein bei Thomas Mann auf Empörung. Im amerikanischen Exil realisierte er, dass es in diesem Akt keinen deutschen Staat als handelndes Subjekt mehr gab: «Es ist nicht gerade Hochstimmung, was ich empfinde. Natürlich ist die gegenwärtige Regierung nur episodisch, Instrument der Kapitulation, da Eisenhower keinen Himmler ins Zelt lassen konnte. Übrigens aber wird dies oder das *mit* Deutschland, aber nichts in Deutschland geschehen.»[23]

Während der Auftritt von Generalfeldmarschall Wilhelm Keitel in Karlshorst, wo die sowjetische Seite auf einer Wiederholung der Zeremonie bestand, dem amerikanischen Marineadjutanten Harry C. Butcher «arrogant und herausfordernd» erschien, beschrieb der sowjetische Marschall Schukow einen gebrochenen Mann: «Nein, das war nicht mehr der hochmütige Keitel, der die Kapitulation des besiegten Frankreich entgegengenommen hatte. Jetzt sah er niedergeschlagen aus, obwohl er sich Mühe gab, Haltung zu bewahren.» Schukow zitierte Keitel und die deutsche Delegation von einem kleinen Tisch unweit der Tür, an dem sie zunächst Platz genommen hatten und wo sie die Vorlage der Dokumente zur Unterschrift erwarteten, zum Präsidiumstisch: «Mit einem unguten Blick auf das Präsidium erhob sich Keitel rasch von seinem Platz, dann senkte er die Augen, nahm langsam seinen Marschallstab vom Tisch und kam mit unsicheren Schritten auf unseren Tisch zu. Sein Monokel fiel herunter und baumelte an einer Kordel, das Gesicht bedeckte sich mit roten Flecken.»[24]

In der kommunikativen Rahmung und Symbolik ganz anders akzentuiert, vollzog sich das Ende des Weltkrieges in Japan in zwei charakteristischen Akten.[25] Am 15. August 1945, einem Feiertag, an dem man in Japan in jedem Jahr nach buddhistischer Sitte an die Toten erinnerte, wandte sich der Kaiser über Radio direkt an die japanische Bevölkerung. Es war das erste Mal überhaupt, dass Menschen die Stimme des Tenno hören konnten. Da der Kaiser in einem formellen und höfischen Japanisch sprach, das nicht sofort von allen Zuhörern verstanden wurde, fasste ein Moderator die wichtigsten Punkte der Rede zusammen. Bewusst hatten die Amerikaner in diesem Moment auf die zentrale Person des Tenno gesetzt. Er sprach von einem bald zu erwartenden Friedensschluss, erwähnte aber mit keinem Wort eine Niederlage oder gar eine Kapitulation, sondern betonte lediglich, dass der Krieg sich «nicht unbedingt zu Japans Gunsten entwickelt» habe. Allerdings wies er auf die zerstörerische Kraft der über Hiroshima und Nagasaki abgeworfenen Atombomben hin. Eine Fortsetzung des Krieges werde nicht allein die Auslöschung des japanischen Volkes bedeuten, sondern auch die gesamte Zivilisation zerstören.

Nach dieser kollektiven Vorbereitung der Japaner folgte als zweiter Akt die Unterzeichnung der Kapitulationsurkunde durch einen japanischen General für die militärische Führung, einen Diplomaten für die Regierung sowie durch Douglas MacArthur als Oberbefehlshaber der alliierten Streitkräfte und Vertreter weiterer neun Länder. Die Zeremonie fand am 2. September 1945 auf dem Vordeck eines amerikanischen Schlachtschiffes in der Bucht von Tokio statt, zwei Wochen nach der Einstellung der Kämpfe. Hier waren bewusst symbolische Akzente erkennbar. Die USS «Missouri» war als Reverenz gegenüber der Heimat von Präsident Harry S. Truman gewählt worden. Wichtiger noch waren zwei amerikanische Flaggen, die extra für die Zeremonie aus den Vereinigten Staaten eingeflogen worden waren und die auf dem Vordeck sichtbar waren. Die eine hatte am 7. Dezember 1941 über dem Weißen Haus geweht, als die Japaner ohne vorherige Kriegserklärung Pearl Harbour angegriffen hatten. Die andere, aus dem Naval Academy Museum in Annapolis nach Tokio gebracht, stammte von dem Schiff, auf dem Commodore Matthew Calbraith Perry 1853 in der Bucht von Tokio gelandet war.[26] Mit diesem Schritt hatte er die politische Öffnung Japans gegenüber den Vereinigten Staaten und den europäischen Mächten erzwungen. Die Trennung der beiden Akte ersparte dem Tenno, der Zeremonie am 2. September beiwohnen zu müssen. Seine bewusste Schonung verwies darauf, dass die amerikanische Führung ihn längst in die Planungen für den japanischen Nachkrieg integriert hatte.[27]

Was diese historischen Beispiele dokumentieren, ist die enorme Bedeutung, die in der Kommunikation, in Bildern und Symbolen der Behandlung der Unterlegenen im Augenblick des Sieges zukommt. Hinter Fragen der protokollarischen Gleichrangigkeit zeichnete sich fast immer das Problem ab, die durch die militärische Asymmetrie von Sieg und Niederlage entstandene Situation nicht durch eine Politik der Demütigung zu verfestigen, dem Gegenüber eine gesichtswahrende Position zu ermöglichen und so Vertrauen entstehen zu lassen. Allein Vertrauen erlaubt es, in einer Situation von Unsicherheit ein Minimum an Berechenbarkeit herzustellen.[28]

Mit dem Soziologen Niklas Luhmann kann man Vertrauen als Möglichkeit verstehen, Komplexität zu reduzieren. Damit lassen sich Risiken besser kalkulieren, weil kein Mensch alle Handlungen eines anderen einschätzen kann. Wo aber die perfekte Kontrolle des anderen unmöglich ist, entspricht es einer rationalen Strategie, dem Gegenüber ab einem gewissen Punkt zu vertrauen und so einen Austausch zwischen Akteuren zuzulassen, der die Eigenlogik von gegenseitigen Unterstellungen und Fehlwahrnehmungen durchbricht.[29] Zur Vertrauensbildung gehört die Erfahrung persönlicher Interaktion als Kommunikation unter Anwesenden. Für Luhmann bringt die Erfahrung, an sozialen Gefügen teilzuhaben, verschiedene Handlungskompetenzen hervor, vor allem die Fähigkeit, Distanz zur eigenen Rolle zu gewinnen und sich zumindest ansatzweise in die Position des Gegenübers einzufühlen. Diese Empathiefähigkeit vermag der sich gegenseitig verstärkenden Dynamik von Fremd- und Selbstbildern entgegenzuwirken.[30] Der ausgesprochene Empathiemangel machte es in der historischen Situation der Pariser Friedenskonferenz unmöglich, den Zirkel der sich gegenseitig verstärkenden Wahrnehmungen zu durchbrechen.

Das durch verweigerte Kommunikation fehlende Vertrauen hatte für den Beginn aller Nachkriegsphasen eine kaum zu unterschätzende Bedeutung, und es war unmittelbar relevant für die Stabilisierung politischer Ordnungen. Friedensverhandlungen und Friedensschlüsse fanden im Laufe des 19. Jahrhunderts immer weniger im Arkanum von Monarchenschlössern und Fürstensitzen statt und wurden im 20. Jahrhundert schließlich aufmerksam von modernen Massenmedien verfolgt. Sie betonten so in besonderer Weise die Verbindung von Öffentlichkeit und Politik. Auf der Friedenskonferenz von Paris zeigten sich 1919/20 die Konsequenzen einer verweigerten Kommunikation mit den Unterlegenen in aller Deutlichkeit. Wo es nicht zu direkten Gesprächen und Verhandlungen kam, existierte kein Gegengewicht mehr zur emotionalisierten Inszenierung, den Bildern und sprachlichen Metaphern. Im Kontrast dazu war bei allen Problemen auf dem Wiener Kongress 1814/15 die Einbindung des unterlegenen Frankreich gelungen, exemplarisch durch die Talleyrand in Wien gewährte Verhandlungsposition. Dass dies in der Behandlung Deutschlands nach 1918 scheiterte, verwies auf die doppelte Hypothek der frühen Weimarer Republik. Sie war nur auf den ersten Blick außenpolitischer Natur, denn die Auseinandersetzung mit dem Versailler Vertrag und der Revisionismus ließen sich zugleich innenpolitisch gegen die neue demokratische Ordnung instrumentalisieren.

Nicht nur in der Eskalation von Konflikten kommt der Kommunikation entscheidende Bedeutung zu. In der Juli-Krise von 1914 konnte der Weltkrieg auch deshalb ausbrechen, weil zu einem bestimmten Zeitraum praktisch keine direkte Kommunikation mehr zwischen den Akteuren stattfand und Militärs in eigenen Szenarien eine schnelle Lösung der Krise anbieten konnten, die sich als Illusion erweisen sollte. Auch auf der Suche nach Zeitfenstern für Politik und Diplomatie in der Endphase eines Krieges, erst recht auf dem Weg zu Waffenstillstands- und Friedensverhandlungen sind die Kommunikationspraxis und die Gleichberechtigung der Akteure von entscheidender Relevanz. Verhandlungen auf der Basis gegenseitigen Vertrauens tragen dazu bei, ein erneutes Aufflammen des Konflikts zu verhindern.

VIII. Fallhöhe und Desillusionierung

Den Frieden mit Erwartungen zu überfordern, kann die Schatten eines Krieges verlängern.

Sie trugen beide denselben Nachnamen, und sie wurden beide Opfer eines mit Erwartungen überforderten Friedens.[1] Als Woodrow Wilson Ende 1918 als erster US-Präsident überhaupt das eigene Land für mehrere Wochen verließ, um in Europa an der Pariser Friedenskonferenz teilzunehmen, war er die erste Weltperson des frühen 20. Jahrhunderts, so wie in den 1930er Jahren Mahatma Gandhi oder Nelson Mandela in den 1980er Jahren. Auf Wilson konzentrierten sich nach diesem verheerenden Weltkrieg die Hoffnungen vieler Zeitgenossen weltweit auf einen ganz neuartigen Friedensschluss. Nicht nur Politiker und Diplomaten, sondern zahlreiche Intellektuelle, Künstler und Wissenschaftler verbanden mit seiner Person einen glaubwürdigen Neuanfang. Der aus Ungarn stammende Soziologe und Philosoph Karl Mannheim brachte diese Erwartungen auf den Punkt: «Überall warten die Menschen auf einen Messias, und die Luft bebt vor den Versprechungen großer und kleiner Propheten … Uns alle eint das gleiche Schicksal: Wir haben mehr Liebe in uns und vor allem mehr Sehnsüchte, als die heutige Gesellschaft zu befriedigen vermag. Wir alle sind reif für etwas, und es gibt niemanden, der die Früchte pflücken will.»[2]

Nach Wilson wurden seit Ende 1918 in den Ländern der Sieger und zumal in den neuen Staaten Ost- und Ostmitteleuropas – wie etwa der Tschechoslowakei – Bahnhöfe, Plätze und Straßen benannt, weil der amerikanische Präsident mit dem von ihm verkörperten Prinzip der nationalen Selbstbestimmung wie ein politischer Pate einer vielversprechenden Nachkriegsordnung wirkte. Doch nur sechs Monate später war Wilson für viele Menschen ein verhasstes Symbol für gebrochene Versprechen und verratene Ideale. Wirkte er bei seiner Ankunft in Europa wie eine Verkörperung amerikanischer Dynamik und Fortschrittlichkeit, verließ er die Pariser Friedenskonferenz nach den langen Monaten permanenter Verhandlungen als psychisch angeschlagener und physisch erschöpfter Politiker. Überzeugt von seiner Mission, dem Prinzip der Selbstbestimmung und der neuen Institution des Völkerbundes zum Durchbruch verhelfen zu müssen, kehrte er im Sommer 1919 in seine Heimat zurück. Als er im Kongress auf politischen Widerstand stieß, startete er im September 1919 eine großangelegte Werbetour durch die Vereinigten Staaten, um die Bevölkerung für die Ratifizierung des Versailler Vertrages und der Völkerbundakte zu gewinnen. In nur drei Wochen reiste er mehr als 10 000 Meilen und hielt über 40 Reden, über die in 1400 lokalen Zeitungen berichtet wurde. Am 8. September reagierte er in einer Rede in Sioux Falls auf den Vorwurf, er sei ein Idealist, mit dem Hinweis auf die politische Mission der USA nach dem Weltkrieg: «Lässt Amerika die Menschheit im Stich, besitzt die Menschheit niemanden mehr, an den sie sich wenden kann. Nationen auf der ganzen Welt hoffen, dass Amerika diese große Aufgabe vollbringen wird.»[3] Wenige Tage später brach er nach einem weiteren Auftritt zusammen, erlitt einen schweren Schlaganfall und verbrachte den Rest seiner Amtszeit bis März 1921 als halbseitig gelähmter Präsident, abgeschirmt von seiner Frau und einem engen Zirkel von Beratern, im Weißen Haus.

Wilsons Namensvetter Henry Wilson war der wichtigste Militärberater des britischen Premierministers Lloyd George gewesen und hatte mit der Pariser Friedenskonferenz die Hoffnung auf einen umfassenden Frieden verbunden. Doch die Gewalt setzte sich fort, als sich seit 1917 Bürgerkriege entwickelten, die nicht allein auf Russland beschränkt blieben. Seit dem Osteraufstand von 1916 und dann vor allem seit Kriegsende spitzten sich die Konflikte um einen unabhängigen irischen Staat zu, dem Henry Wilson zum Opfer fiel. Am 22. Juni 1922 wurde er von zwei irischen Republikanern vor der Tür seines Hauses am Eaton Place im Londoner Viertel Knightsbridge erschossen. Die Attentäter hatten wie viele militante Iren während des Weltkrieges auf britischer Seite gekämpft, doch nach dem November 1918 erblickten sie in Wilson das Symbol für den verhassten Unionismus, der für den Verbleib Irlands im Vereinigten Königreich stand. Sie machten ihn persönlich für Gewaltaktionen der «Black and Tans» verantwortlich, die 1920/21 als paramilitärische Truppen gegen irische Katholiken vorgegangen waren und die Gewalteskalation angeheizt hatten. Nach ihren Motiven befragt, offenbarten sie eine tiefe Verbitterung angesichts enttäuschter Hoffnungen, die der Weg in den Frieden zuvor provoziert hatte: «Wir meldeten uns beide freiwillig zur Armee, um zu kämpfen und damit die Prinzipien, für die dieses Land steht, hochzuhalten und zu bewahren. Diese Prinzipien, so sagte man uns, waren Selbstbestimmung und die Freiheit kleinerer Nationen. Doch als wir aus Frankreich zurückkamen, mussten wir feststellen, dass Selbstbestimmung zwar einigen Nationen zugesprochen worden war, von denen wir nie zuvor gehört hatten – aber Irland wurde sie verwehrt.»[4]

Ein mit Erwartungen überforderter Frieden provoziert Fallhöhen der Enttäuschung, und aus dem Umschlag in die Desillusionierung kann neue Gewalt entstehen. Das prägte die Pariser Friedenskonferenz von 1919, aber es wies weit über sie hinaus. Denn nach der Erfahrung eines jahrelangen Krieges, angesichts von Opfern und Zerstörungen, Kosten und Kompensationen und unter dem Druck, in relativ kurzer Zeit langfristig tragfähige

Lösungen für komplexe Probleme zu finden, ist jede größere Friedenskonferenz zunächst strukturell überfordert. Zu dieser Konstellation trägt nicht zuletzt bei, dass nach dem Ende von Kriegen frühere Bündnispartner häufig in Konkurrenz zueinander treten, nachdem der durch die Konzentration auf den gemeinsamen Gegner und militärische Notwendigkeiten lange Zeit aufrechterhaltene Einigungsdruck nachlässt. Verbündete, die einen Krieg gemeinsam gewonnen haben, in einer Friedensverhandlung auf gemeinsame Positionen festzulegen, ist eine Herausforderung: Man kann einen Krieg gemeinsam gewinnen – und den Frieden danach dennoch verlieren.

Auf dem Weg in den Frieden entwickelten sich unterschiedliche Praktiken, mit Erwartungen umzugehen. Doch unter welchen Umständen gelang die pragmatische Eindämmung unrealistischer Ziele, und wann schwächten überzogene Agenden einen Friedensschluss? Nach dem Ende der Kriege gegen Frankreich standen auch die Monarchen, Diplomaten und Politiker auf dem Wiener Kongress ab 1814 vor einer Fülle unterschiedlichster Probleme.[5] Zunächst war es ab 1812 gelungen, eine Staatenkoalition gegen die napoleonische Herrschaft zu bilden und die unterschiedlichen Interessen zugunsten des gemeinsamen Ziels zurückzustellen, die Hegemonie Frankreichs auf dem europäischen Kontinent zu beenden und ein neues Gleichgewicht zu schaffen. Tatsächlich erreichten die Verbündeten dieses Ziel im Ersten Pariser Frieden vom Mai 1814. Friedrich von Gentz, der wichtigste Berater des österreichischen Staatskanzlers Metternich, charakterisierte diesen Friedensschluss im Juni 1815 rückblickend als einen entscheidenden Grundstein für eine neue europäische Friedensordnung, dessen «letzte Frucht […] ein zusammenhängendes und umfassendes politisches System gewesen» wäre, «welches, auf einfachen Grundpfeilern erbaut, die künftige Existenz aller Staaten durch wechselseitige Garantien gesichert, den inner[e]n Wohlstand jedes Einzelnen wesentlich gefördert, und den Frieden der Welt auf eine lange Reihe von Jahren befestigt hätte.»[6]

Doch nachdem Frankreich militärisch bezwungen war, traten die Spannungen zwischen den Siegern ab dem Sommer 1814 in Wien unübersehbar hervor. Vor allem die preußische Forderung nach einer Annexion Sachsens und das russische Ziel, einen polnischen Staat zu begründen, der in Personalunion vom Zaren regiert werden sollte, befeuerten kontroverse Diskussionen, lähmten die Verhandlungen und provozierten fast einen militärischen Konflikt zwischen den ehemaligen Koalitionären Russland und Preußen. Damit wurde bereits vor der Rückkehr Napoleons der Handlungsspielraum für ein umfassendes Gleichgewichtssystem deutlich reduziert. Angesichts der Kontroversen griffen die Friedensmacher in Wien auf die klassischen Instrumente der Außenpolitik des 18. Jahrhunderts zurück, betrieben Kabinettsdiplomatie und setzten auf territoriale Neuordnungen, wie die Aufteilungen Sachsens und Polens sowie die Kompensation Preußens mit Rheinland und Westfalen bewiesen. Auf die betroffenen Bevölkerungen nahmen diese Regelungen keine Rücksicht, aber sie erwiesen sich als wichtige Bedingung für eine Einigung unter den Siegern.[7]

Als Napoleon im März 1815 sein Exil auf der Mittelmeerinsel Elba verließ und eine Neuauflage des Krieges erzwang, schien er damit die Verwundbarkeit der neuen Ordnung zu beweisen. Die Rückkehr des Korsen erneuerte die antinapoleonische Allianz, aber sie führte vor allem zu einem im Vergleich zum Mai 1814 anderen Charakter des Friedens. Denn der Zweite Pariser Frieden vom November 1815 stand viel stärker im Zeichen militärischer und antirevolutionärer Absicherungen als zuvor, während die Gründung der Heiligen Allianz in der stilisierten Einheit der drei christlichen Monarchen Russlands, Preußens und Österreichs das monarchische Prinzip betonte. Die in Wien neu konzipierte Kongressdiplomatie setzte auf regelmäßige Treffen und die grenzüberschreitende Zusammenarbeit der Regierungen. Als es ab 1818/19 zu einer Welle von Attentaten in den deutschen und italienischen Staaten, aber auch in Frankreich und zu Revolutionsanläufen in Spanien und Portugal, auf Sizilien und in Piemont kam, trat ein über die einzelstaatlichen Grenzen hinausgehendes Sicherheitskonzept in den Vordergrund. Die Überwachung von Oppositionszirkeln und die Bereitschaft zur militärischen oder polizeilichen Intervention sollten die kommenden Jahre bestimmen.[8]

Auch in Wien gab es deutliche Zeichen der Überforderung. Dazu gehörten ein wachsender Zeitdruck für alle Akteure und viele enttäuschte Erwartungen der Zeitgenossen. Gegen eine gesamteuropäische Ordnung sprach nicht nur der weitgehende Ausschluss Italiens, sondern vor allem Südosteuropas und des Osmanischen Reiches. Gerade die Hoffnungen, die partikulare Struktur der deutschen Staatenwelt zu überwinden und einen freiheitlichen deutschen Staat zu gründen, wurden nicht erfüllt. Johann Wolfgang von Goethe kommentierte kritisch, dass der eine Tyrann aus Frankreich nun durch viele Tyrannen innerhalb des neu gegründeten Deutschen Bundes ersetzt worden sei.[9] Angesichts der Volksaufstände in Spanien und Tirol und des Echos, das der Appell an die Nation in vielen Gesellschaften ausgelöst hatte, provozierte die Betonung des monarchischen Prinzips und eines Interventionsrechts der Großmächte Kritik.[10]

Warum erwies sich der Frieden dennoch langfristig als relativ stabil?[11] *Erstens* verband alle Akteure in Wien eine monarchisch-aristokratische Werteordnung und eine davon geprägte Kommunikationskultur. Das erleichterte es, an gemeinsamen Grundprinzipien trotz entgegengesetzter Interessen festzuhalten. Das Ergebnis bedeutete, *zweitens*, zwischen dem militärisch besiegten

Regime Napoleons und Frankreich als Teil einer neuen Gleichgewichtsordnung zu unterscheiden. Die Rückkehr der Bourbonen machte das Land prinzipiell wieder friedens- und integrationsfähig. Die Landung Napoleons mochte den Friedensprozess unterbrechen, und die Wiederauflage des Krieges verstärkte die Skepsis gegenüber den Möglichkeiten der innenpolitischen Stabilisierung Frankreichs. Aber auch der Zweite Pariser Frieden stellte die prinzipielle Gleichberechtigung Frankreichs nicht infrage, und bereits 1818 war das Land wieder in das neue europäische Staatensystem integriert. *Drittens* enthielten die Bestimmungen von 1815 zwar Kontributionen des Unterlegenen, so wie das auch in früheren Friedensverträgen üblich gewesen war. Aber diese Forderungen wurden mit den Kosten der alliierten Besatzung Frankreichs begründet, nicht mit einer spezifischen Kriegsschuld. Die Kopplung von Schuld und Schulden, die 1919 so stark hervortreten sollte, war den Teilnehmern des Wiener Kongresses fremd. Diesen übergeordneten Zielen entsprachen, *viertens*, auch die territorialen Bestimmungen. Im Ersten Pariser Frieden akzeptierte man die französischen Grenzen von 1792 und verzichtete weitgehend auf französische Abtretungen, und trotz der Verschärfungen blieben auch die Bestimmungen des Zweiten Friedens mit der Orientierung an den französischen Grenzen von 1790 und einigen Modifikationen in diesem Rahmen.

Entscheidend für den Umgang mit den politischen Erwartungen war *fünftens*, dass die große territoriale Neuordnung Europas ohne Rücksicht auf die betroffenen Gesellschaften umgesetzt wurde. Nicht das nationale Ziel einer Deckungsgleichheit von Volk und Staat war maßgebend, und geradezu ideologiefrei zählte man in den Kommissionen des Wiener Kongresses «Seelen» und ordnete sie neuen Grenzen zu, um so im Rahmen der Machtpolitik zwischen Monarchen den Handlungsspielraum für Kompensationslösungen zu gewinnen. Diese Praxis geriet seit den 1820er Jahren unter Druck, als es zu Unabhängigkeitsbewegungen und Konflikten um die Bildung neuer Staaten kam, etwa Griechenland oder Belgien und die Niederlande aus der Aufteilung des 1815 gebildeten Kunststaates des Vereinigten Königsreichs der Niederlande. Tatsächlich spielten gesellschaftliche Bewegungen außerhalb des monarchisch-diplomatischen Arkanums, Wahlen und Oppositionsbewegungen oder ein politischer Massenmarkt mit modernen Medien keine entscheidende Rolle für die Friedensmacher in Wien. Der Preis für diese relative Abschottung bestand in einer Quarantäne der postnapoleonischen Gesellschaften, die allerdings in den kommenden Jahrzehnten revolutionär infrage gestellt werden sollte.[12] Erst recht galt das in den Revolutionen von 1848/49, als die Enttäuschung über den Ausschluss nationaler, liberaler und sozialer Fragen den kritischen Blick auf die Wiener Ordnungsideen dominierte und sich in der Euphorie angesichts von Metternichs Sturz widerspiegelte.

Hinzu kam schließlich *sechstens*, dass der Großteil der Regelungen von 1814/15 auf den Kreis der europäischen Großmächte beschränkt blieb, während kleinere Staaten faktisch unter Kuratel gestellt wurden. Auch in Wien gab es einzelne Bestimmungen mit globaler Reichweite, wie etwa das Verbot des atlantischen Sklavenhandels. Großbritannien erwarb Besitzrechte nicht allein auf Hannover und Helgoland, sondern vor allem auf die Kapkolonie, Ceylon, Malta und das Protektorat über die Ionischen Inseln, sodass mit den Beschlüssen von Wien nicht nur die maritime Suprematie der Royal Navy festgeschrieben, sondern auch eine entscheidende Ausgangsbasis für die globale Expansion des Britischen Empire etabliert wurde. Dennoch bildeten Europa und die deutsche Frage den Hauptfokus im Sicherheitsdenken der Akteure.[13]

Obwohl der Krimkrieg die Mächtekonstellation von 1815 infrage stellte und die antinapoleonische Allianz durch den Konflikt zwischen Russland auf der einen und Großbritannien und Frankreich auf der anderen Seite zerbrach, blieb auch der Pariser Frieden von 1856, der den Krimkrieg beendete, im Kern zwei Grundideen verpflichtet, die auf 1815 zurückgingen. Ihre Anpassung trug Mitte der 1850er Jahre entscheidend dazu bei, die Erwartungen an den Frieden realistisch einzuhegen. Zum einen wurde das Gleichgewichtsprinzip fortgeschrieben, nunmehr für die Schwarzmeerregion und das Verhältnis zwischen dem Zarenreich und dem Osmanischen Reich. So erlaubte der Pariser Frieden, das Osmanische Reich und damit Südosteuropa in die Friedensordnung einzubinden. Zum anderen folgte dem Sieg Großbritanniens und Frankreichs vor Sewastopol ein Friedensschluss, in dem Russland ein gleichberechtigter Verhandlungspartner blieb.[14]

Ganz anders stellte sich die Situation am Ende des Ersten Weltkrieges dar. Dabei blickten die Diplomaten zunächst sehr bewusst in die Vergangenheit. Viele Mitglieder der britischen Delegation lasen zur Vorbereitung auf die Pariser Friedenskonferenz das 1918 erschienene Buch des Historiker Charles Webster über den Wiener Kongress. Als entscheidenden Unterschied zwischen 1815 und 1919 hob Webster die Bedeutung äußerer Einflüsse und die Wechselwirkungen zwischen der Konferenz und fortlaufenden Krisen weltweit hervor. In Wien seien seinerzeit alle wichtigen Akteure an einem Ort versammelt gewesen, während die kaum überwindbaren geographischen Distanzen andere Rückwirkungen weitgehend unterbunden hätten.[15] Die Pariser Friedenskonferenz stand dagegen seit Januar 1919 praktisch permanent unter dem Eindruck dramatischer Entwicklungen in der ganzen Welt. Sie reichten von den Revolutionsversuchen in den Räterepubliken von Ungarn und München über die Aufstände gegen die Fortsetzung der Kolonialpraxis in Ägypten und Korea bis zu großen Protestwellen in Indien und China. Überall beriefen sich

Demonstranten auf die neue Formel der Selbstbestimmung oder die Enttäuschung der damit verknüpften Erwartungen.[16]

Als der junge britische Diplomat Harold Nicolson in Paris ankam, begriff er, wie stark die Stadt vom Krieg gezeichnet war und dass sich daraus weitgespannte Hoffnungen und Gerüchte über die möglichen Ergebnisse des Friedens ergaben. Paris erschien ihm wie eine «noch vom Nervenschock befallene Hauptstadt». Vor allem eine nervöse Öffentlichkeit, die unter dem Eindruck der Kriegsopfer stand, schien ein regelrechtes Hindernis für die notwendige Konzentration auf das Friedensprojekt darzustellen: «Wir kamen uns vor wie Chirurgen, die eine Operation mitten im Ballsaal vornehmen sollten, mit allen Tanten und Anverwandten des Patienten ringsherum.»[17]

Worin bestand die Überforderung des Moments von 1919?[18] *Erstens* spiegelten sich die vielen heterogenen Erwartungen und strukturellen Überforderungen bereits in den Ausmaßen der Konferenz wider. Sie wiederum war ein Echo auf Wilsons Versprechen, dass eine neue Kultur der internationalen Beziehungen, basierend auf Transparenz, Expertise und Recht, die tradierte Geheimdiplomatie überwinden sollte. Mehr als zwei Dutzend offizielle Delegationen aus unabhängigen Staaten sowie den britischen Dominions Kanada, Australien, Neuseeland und Südafrika waren geladen. Dazu kamen weitere Gruppen ohne offiziellen Status wie etwa aus Indien und Ägypten. Mehr als 10 000 Delegierte, Assistenten, Berater und Experten bildeten einen Mikrokosmos mit schwer kontrollierbarer Eigendynamik. Allein am Gesamtplenum und den 58 Ausschüssen nahmen bis zu 1000 Mitglieder teil. Hinzu kamen in Paris zahllose internationale Organisationen, Vereine und Vertreter von Gesellschaften und Staaten, die um Aufmerksamkeit für ihre politischen Anliegen warben. Zu ihnen gehörten der vietnamesische Revolutionär Ho Chi Minh, William Du Bois als führender afroamerikanischer Intellektueller und der geistliche Führer der Ismaeliten innerhalb des schiitischen Islam, Aga Khan III.[19] Und schließlich markierte die Friedenskonferenz einen globalen Medienmoment, denn Hunderte akkreditierter Journalisten aus aller Welt vermittelten die Erwartungen an die Konferenz, kommunizierten ihre Ergebnisse in ihre Heimatgesellschaften, aber auch die dortigen Reaktionen zurück nach Paris. So entstand eine globale Verflechtung, die sich immer wieder auf den Fortgang der Verhandlungen auswirkte.[20]

Zweitens hatte der Weltkrieg anders als 1815 Probleme hinterlassen, die nicht länger mit klassischen Instrumenten der Diplomatie zu lösen waren – wie etwa territoriale Verschiebungen –, und die keinen Halt an neu definierten Grenzen machten. Dazu gehörten Kriegsgefangene, Flüchtlinge und Menschen, die nach dem Untergang der kontinentaleuropäischen Empires keinem Staat mehr zuzuordnen waren und die in den 1920er Jahren als «Staatenlose» neu kategorisiert wurden. Die in 52 Monaten Krieg entstandenen Hoffnungen auf einen universellen Frieden kristallisierten sich in den beiden Weltvokabeln des «war to end all wars» und der «Selbstbestimmung». Dazu hatten seit 1917 die Friedensdekrete der russischen Bolschewiki beigetragen, vor allem aber der amerikanische Präsident Woodrow Wilson mit seinen Vierzehn Punkten. Aber schon im November 1918, noch während der Reise der amerikanischen Delegation nach Europa, blickte Wilson skeptisch auf die unkontrollierbare Dynamik dieser mit seiner Person verbundenen Projektionen. Als der Journalist George Creel den Erfolg der amerikanischen Kriegspropaganda und die Rezeption von Wilsons Programm in Asien, Afrika und Lateinamerika hervorhob, fragte der Präsident, «ob Sie nicht unbewusst ein Netz geknüpft haben, aus dem es für mich kein Entrinnen gibt. Die ganze Welt blickt jetzt auf Amerika [...] mit allen Hoffnungen und Belastungen [...] Alle diese Erwartungen enthalten eine schreckliche Dringlichkeit. Es darf keine Verzögerung geben. Das war immer so. Die Menschen ertragen ihre Tyrannen über Jahre, aber sie reißen ihre Befreier in Stücke, wenn das Millennium nicht sogleich geschaffen wird.»[21]

Drittens versagte 1919 das Erwartungsmanagement, weil die Friedensmacher die Kontrolle über den Schlüsselbegriff der Selbstbestimmung verloren, in den Menschen ihre Agenden und Interessen hineinprojizieren konnten. Als Woodrow Wilson im Februar 1918 in einer Rede vor dem Kongress zum ersten Mal an prominenter Stelle auf «self-determination» rekurriert hatte, verdeckte dessen Suggestionskraft, dass der Begriff weltweit ganz unterschiedliche Bedeutungen evozierte und dass er vor allem in den Kolonialgesellschaft Asiens und Afrikas große Hoffnungen auf eine Veränderung der überkommenen Herrschaftspraxis nährte. Verwies Selbstbestimmung in den meisten westeuropäischen Gesellschaften nach dem Kriegsende auf die politische Selbstregierung mit Verfassungen und demokratisch gewählten Parlamenten, so stand in den Gebieten der ehemaligen multiethnischen Empires Russlands und der Habsburgermonarchie das Ideal nationaler Selbstbestimmung im Rahmen nationalstaatlicher Souveränität im Zentrum.

Die vermeintliche Eindeutigkeit dieser Ordnungsvorstellung wurde zumal in Polen, den baltischen Staaten, der Tschechoslowakei und dem späteren Jugoslawien mit dem Bild der Empires als Völkergefängnisse verknüpft. In der Praxis aber traf das universalistische Versprechen des Selbstbestimmungsrechts auf die weiter bestehenden multiethnischen Gemengelagen Ost-, Ostmittel- und Südosteuropas. Denn die neuen Staaten waren nicht homogene Nationalstaaten, sondern standen als Nationalitätenstaaten vor der enormen Herausforderung, ihre Minderheiten in die Staatsbildung einzubinden. Doch was im «Kleinen Versailler Vertrag», den die Vertreter der neuen Staaten im Juni 1919 unterschrieben, die Pariser Friedensverträge durch Regelungen zum

Minderheitenschutz ergänzen sollte, wurde in vielen Gesellschaften der neuen Staaten wie zumal in Polen als Misstrauensvotum und Beschränkung der gerade mühsam erkämpften Selbstbestimmung und Souveränität empfunden.[22]

Gleichzeitig schloss man, *viertens*, die Verlierer Deutschland, Österreich, Ungarn, das noch bestehende Osmanische Reich sowie Russland von der Praxis der Selbstbestimmung aus. Die deutsche Regierung hatte ihre Vorleistungen im Waffenstillstand auf die Erwartung milder Bedingungen eines «Wilson-Friedens» gegründet. Der Umschlag hochgespannter Hoffnungen in Verbitterung verstärkte sich angesichts der unterstellten Kriegsschuld, der in Paris in ihrer Höhe noch nicht definierten erheblichen Reparationsforderungen und der Territorialverluste, die gerade im Osten nicht allein dem Prinzip der Selbstbestimmung entsprachen, sondern auch die Folge strategischer Erwägungen Frankreichs zur Stärkung Polens waren. Schließlich enthielt der Versailler Vertrag ein ausdrückliches Verbot eines Anschlusses Österreichs an das Deutsche Reich. Der Völkerbund, zu dem die Verlierer ebenfalls nicht zugelassen wurden, wurde in ihren Augen zum bloßen Instrument der Alliierten. Dass das große Versprechen der Selbstbestimmung nur für Polen, Tschechen und Südslawen gelten sollte, nicht aber für Deutsche und Österreicher, beschädigte die Glaubwürdigkeit der neuen Prinzipien schwer und belastete die Nachkriegsordnung mit aggressiven Revisionsforderungen.

Erst recht schlug sich die Überforderung, *fünftens*, in den Widersprüchen auf globaler Ebene nieder.[23] Der Weltkrieg hatte im August 1914 als Kampf zwischen europäischen Großmächten und ihrer Kolonialreiche begonnen, aber er endete als Globalkonflikt. Die Vereinigten Staaten und Japan, wirtschaftlich und militärisch aufsteigende Mächte bereits seit dem letzten Drittel des 19. Jahrhunderts, waren 1919 unumstrittene Akteure in Paris. In vielen

Weltregionen wie China und Lateinamerika ergaben sich aus dem Rückzug der europäischen Mächte während des Krieges wichtige Impulse für die eigene politische und wirtschaftliche Entwicklung. Vertreter des Indischen Nationalkongresses wie Mahatma Gandhi plädierten für eine Steigerung der Kriegsleistungen für Großbritannien, um so nach dem Krieg einen Status Indiens innerhalb des Britischen Empire zu erreichen, der den Dominions mit ihrer weitgehenden inneren Selbständigkeit nahekommen sollte. Wenn China und viele lateinamerikanische Staaten 1917 an der Seite der Alliierten und der USA in den Krieg eintraten, dann auch, um auf einer künftigen Friedenskonferenz eigene Interessen zu vertreten.

Die Versuche, während des Krieges neue Verbündete zu gewinnen, führte zu einer regelrechten «Revolution steigender Erwartungen». Das prägte nicht nur die asiatischen und afrikanischen Kolonialgesellschaften, sondern vor allem den Kriegsraum des Osmanischen Reiches im Nahen und Mittleren Osten.[24] Hier resultierte die Überforderung der Nachkriegsordnung aus der Konkurrenz widersprüchlicher Versprechen. Im Sykes-Picot-Abkommen von 1916 teilten Großbritannien und Frankreich ganz in der kolonialpolitischen Tradition des 19. Jahrhunderts den Nahen Osten in Interessenzonen auf, die nach 1919 in formelle Mandate mündeten. Zugleich stellte die britische Regierung einen eigenen Staat der Araber als Belohnung für die Unterstützung im Kampf gegen die Osmanen in Aussicht. Und schließlich unterstützte sie mit der Balfour-Deklaration vom November 1917 die zionistische Bewegung in ihrem Kampf um eine künftige Heimstatt der Juden in Palästina. Diese konkurrierenden Ordnungsmodelle und zumal die auf der Pariser Friedenskonferenz bitter enttäuschten panarabischen Hoffnungen auf einen eigenen Staat bildeten ein langfristiges Erbe der Überforderung von 1919. Sie belasteten die Glaubwürdigkeit des von Wilson und dem Völkerbund verkörperten liberalen Internationalismus, was bis heute weiterwirkt.

Global war schließlich *sechstens* auch eine weitere Ursache für die Überforderung der Friedensordnung durch Revolutionen und Revisionsanläufe.[25] Die Monarchen und Diplomaten auf dem Wiener Kongress hatten darauf gesetzt, eine Epoche der Revolution abzuschließen. Dagegen setzte ab 1917 und von Russland ausgehend ein weltweiter Rhythmus von Revolutionen und Gegenrevolutionen ein, der weit über das formale Ende des Weltkrieges hinausreichte.[26] Die Pariser Friedenskonferenz im Frühjahr 1919 katalysierte viele Revolutions- und Widerstandsbewegungen oder bot den Anlass, Unzufriedenheit mit den politischen und sozialen Verhältnissen oder Kritik an kolonialen Hierarchien zu artikulieren. Viele dieser Entwicklungen verwiesen auf langfristige Spannungen. Aber das Kriegsende ließ diese Konflikte erneut hervortreten und trug zur Überforderung der Friedensmacher bei. Die Ungarische Räterepublik Béla Kuns war auch eine Reaktion auf die sich in Paris abzeichnenden enormen territorialen Verluste und die Übergriffe Rumäniens auf Siebenbürgen. Im Osmanischen Reich provozierte die von den Alliierten abgesegnete griechische Invasion in Kleinasien Proteste gegen die Besatzung der Sieger, die ab Mai 1919 in den von Mustafa Kemal organisierten gewaltsamen Widerstand übergingen.

Der Krieg gegen die Bestimmungen des Friedensvertrages von Sèvres sollte schließlich 1923 in der ersten erfolgreichen Revision der Pariser Friedensordnung im Vertrag von Lausanne münden. In Ägypten eskalierten im Frühjahr 1919 längerfristige Spannungen zwischen der Bevölkerung und der britischen Herrschaft, nachdem das Land keine eigene Delegation auf der Friedenskonferenz zugestanden bekommen hatte. Und das Massaker im indischen Amritsar im April 1919 stand im Kontext des von den britischen Behörden über das Kriegsende hinaus verlängerten

Ausnahmezustandes, der keinen Raum für Autonomierechte oder gar Selbstbestimmungspläne zuließ.[27]

Der Umschlag der Desillusionierung in Widerstand zeigte sich schließlich auch in China, wo sich die Bewegung des Vierten Mai aus Studentenprotesten nach der Enttäuschung über den Ausgang der Pariser Friedenskonferenz entwickelte. Denn das ehemalige deutsche Schutzgebiet von Tsingtao wurde nicht im Sinne der nationalen Selbstbestimmung an China zurückgegeben, sondern fiel als Kriegsbeute an Japan. Die chinesische Delegation reagierte empört, weigerte sich, den Versailler Vertrag zu unterzeichnen, und reiste ab. In der Protestwelle spielte die Frage des Verhältnisses Chinas zum Westen und zu den von Woodrow Wilson repräsentierten Ideen des liberalen Internationalismus eine entscheidende Rolle. Aber ebenso bildete die in Paris verweigerte Rückgabe der ehemaligen deutschen Gebiete den Anlass, sich gegen die koloniale Expansion Japans in Südostasien zu wehren.[28]

Blickt man auf die historischen Momente von 1815 und 1919, dann werden die strukturellen Ursachen einer Überforderung des Friedens deutlich. Auf dem Wiener Kongress hatten die Diplomaten auf die prinzipielle Gleichrangigkeit der europäischen Großmächte, die Verhinderung hegemonialer Bestrebungen durch eine integrative Gleichgewichtsordnung und das monarchische Prinzip gesetzt. Ihr Regelungsanspruch blieb vergleichsweise begrenzt, er orientierte sich an Territorialregelungen und einem etablierten Reservoir diplomatischer Praktiken und Abläufe, zu denen das Verlaufsmuster von Vorfrieden, Präliminarien und Friedenskongress gehörte. 1919 war dagegen durch viel weitergehende, ja im Zeichen des «war to end all wars» und des Prinzips der Selbstbestimmung universalisierte Gestaltungsansprüche charakterisiert. Doch die Versuche, diese Prinzipien und die Bestimmungen der Friedensverträge in die Wirklichkeit umzusetzen, provozierten neue Probleme. In Wien hatte man 1815 auf ein monarchisches Konzept von Souveränität gesetzt und nur begrenzte Interventionen etwa gegen Oppositionsbewegungen vorgesehen. Nach 1919 dagegen war die Bereitschaft, staatliche Souveränität unter Berufung auf übergeordnete Prinzipien zu durchbrechen, viel größer – wie der Umgang mit den Reparationen, dem Anschlussverbot gegenüber Deutsch-Österreich, dem Osmanischen Reich in Sèvres und den Minderheiten-Schutzverträgen gegenüber den ostmittel- und südosteuropäischen Staaten dokumentierten.[29]

Am Ende erwiesen sich sowohl die Erwartungen an den Frieden als auch die Regelungsdichte der Friedensverträge von 1919/20 als historisch beispiellos. All das machte große Enttäuschungen fast unausweichlich, die in neue Gewalt münden oder den Revisionswillen verstärken konnten. Die Akteure von 1919 und 1815 aber gleichsam gegeneinander auszuspielen, wäre unhistorisch. Die Überforderung des Friedens nach dem Ersten Weltkrieg war jedenfalls nicht die Folge persönlichen Versagens. Sie resultierte vielmehr aus neuartigen globalen Strukturen, Hoffnungen auf politische Friedensdividenden in den Nachkriegsgesellschaften und veränderten politischen und medialen Bedingungen, die 1815 so keine Rolle gespielt hatten. Häufig handelte es sich um schwer lösbare Zielkonflikte. Die widersprüchliche Umsetzung des Selbstbestimmungsprinzips in Europa und Asien etwa musste der amerikanische Präsident akzeptieren, wenn er nicht die Unterstützung Japans für die Durchsetzung der Völkerbundakte riskieren wollte. Aber Woodrow Wilson wusste um das Problem, als er am Ende der Friedenskonferenz bekannte: «Als ich diese Worte aussprach (‹dass alle Nationen ein Recht auf Selbstbestimmung haben›), sagte ich sie, ohne zu wissen, dass es Nationalitäten gibt, die Tag für Tag zu uns kommen [...] Sie wissen nicht und können die Ängste nicht ermessen, die ich erlebt habe, weil die Hoffnungen vieler Millionen Menschen durch meine Worte geweckt wurden.»[30]

Wie also lässt sich ein überforderter Frieden vermeiden? Es setzt zunächst das Bewusstsein voraus für die Hypotheken eines Friedens, der mit zu weitgehenden und widersprüchlichen Erwartungen belastet ist, und für den Unterschied zwischen dem Sagbaren und dem Machbaren – genau das lässt sich aus der Geschichte des Ersten Weltkrieges und der Pariser Friedenskonferenz exemplarisch ableiten. Dazu kommt die zentrale Herausforderung, möglichst früh, schon im Ausgang des Krieges, sobald ein Zeitfenster für die Diplomatie entsteht, ein möglichst wirksames «Erwartungsmanagement» zu betreiben: durch eine glaubwürdige Kommunikation der Probleme des Friedens; durch eine begrenzte, aber realistische Agenda für Friedensverhandlungen und eine angemessene Konferenzorganisation, die keine Erwartungen provoziert, die sich nicht erfüllen lassen; durch den Verzicht auf die ganz große Lösung und damit auf die Verknüpfung unterschiedlicher Konflikte; durch eine nüchterne Einschätzung der Wirkungsreichweite inkrementaler Lösungen; und schließlich durch die Ehrlichkeit zu sagen, was sich in diesem Moment regeln lässt, was noch nicht, was auf absehbare und was auf sehr lange Zeit nicht.

IX. «Doing peace»

Wenn die Verträge unterschrieben sind, beginnt die Arbeit am Frieden.

Am Ende läuteten die Glocken. Nachdem die Gesandten des Kaisers die Urkunden geprüft, unterzeichnet und gesiegelt hatten, brachten sie diese am 24. Oktober 1648 abends gegen 21 Uhr in den Sitz des Bischofs von Münster. Dort unterschrieben schließlich auch die versammelten Vertreter der deutschen Reichsstände. Das war das Zeichen, und während die Glocken der städtischen Kirchen zu läuten begannen, feuerten 70 Kanonen von der Stadtmauer aus dreifachen Salut. Doch der Abschluss der Friedensverhandlungen und die aufwändige Zeremonie an diesem Tag markierten doch nur eine Etappe auf dem Weg in den Frieden. Die Verträge von Münster und Osnabrück beendeten den Dreißigjährigen Krieg in Deutschland, nicht aber in Europa. Der umfassende und ewige Frieden, der hinter der Formel der «pax universalis et perpetua» stand, galt nicht für Spanien und Frankreich, die ihren Krieg bis zum Pyrenäenfrieden 1659 fortsetzten.

Und selbst für Deutschland begann die Arbeit an der Umsetzung der Bestimmungen erst jetzt. Schon ein Jahr nach dem Abschluss des Westfälischen Friedens kamen im Oktober 1649 erneut deutsche und ausländische Gesandte in der Reichsstadt Nürnberg zusammen. Dort verhandelten sie über den endgültigen Abzug fremder Truppen aus den deutschen Territorien, vor allem der verbündeten französischen und schwedischen Soldaten. Von ihnen ging zunächst weiter die Gefahr aus, dass der

Krieg wieder aufflammen könnte. Erst nachdem in Nürnberg am 26. Juni 1650 eine Einigung gelang, begannen die schwedischen Kommandeure, ihre fast 60 000 Soldaten abzuziehen. Dem Abkommen folgte wenige Tage später ein weiterer Vertrag, der auch den Abzug der französischen Soldaten regelte, aber es sollte weitere vier Jahre dauern, bis die letzten ausländischen Truppen das Reich verließen.[1]

Caspar Preis, ein katholischer Bauer aus Stausebach, einem oberhessischen Dorf in der Nähe von Marburg, erfuhr ganz konkret, was diese Hypothek des Krieges nach dem formalen Friedensschluss bedeutete. Der Amtsbezirk von Amöneburg, zu dem sein Dorf gehörte, stand unter der Herrschaft des Erzbischofs von Mainz, lag aber wie eine Enklave in der protestantischen Landgrafschaft Hessen-Kassel. Seit 1646 hatten hessische und schwedische Truppen den Amtsbezirk besetzt, zogen dann 1648 zunächst ab, aber kehrten nach kurzer Zeit wieder zurück. Obwohl Preis in seinem Dorf ab 1649 auch den Wiederaufbau erlebte, bilanzierte er kritisch, wie die fortgesetzte Anwesenheit der Truppen und die Bestimmungen des Friedensvertrages von Münster und Osnabrück seine Familie und sein Dorf belasteten: «Wie nun der liebe Frieden [...] einmal getroffen worden nach Gottes seinem lieben Willen, da wurden die [Kriegs]Völker alle in dem ganzen deu[t]schen Land ausgeteilt in Städte und Dörfer, als nach eines jeden Vermögen, also in ein Dorf einer oder zwei, drei, oder vier, [je] nachdem [wie groß] das Dorf war. Die mussten wir armen Leut verpfflegen [sic!], mussten ihnen Geld geben, den Pferden Haffer [sic!] und Heu. Da mussten wir armen Stausebacher auch einen Reiter mit einem Weib und drei Pferden halten und mussten [noch] vor dem, ehe die Völker aufgeteilt worden, ein gar großes Geld geben, denn die schwedische Arme[e] musste mit Geld aus dem Reich [hinweg] gebracht werden [...] [es] meinten alle, wenn wir das Friedensgeld erlegt hätten, o dann würden wir wider [sic!] gute Sach und Ruhe haben; aber die Rute schlug uns noch mehr. Danach kamen uns dann die [Kriegs]Völker noch auf den Hals und pressten und quälten uns noch mehr. Es ist doch nicht zu sagen noch zu erzählen, all der Jammer, die Trübsal und [das] Herzenleid, das wir arme Leut haben müssen leiden und ausstehen in achtzehn Jahren.»[2]

Dass Frieden nicht in dem Moment entstand, in dem ein Waffenstillstand oder ein Friedensvertrag unterzeichnet wurde, dass er einen langen Prozess mit Fortschritten, Rückschritten und anhaltenden Belastungen bedeutete, begriff Caspar Preis ganz intuitiv. Bis die Bestimmungen eines Vertrages konkret umgesetzt waren, bis sie vor Ort wirksam wurden und das Vertrauen in eine neue Ordnung wuchs, die mehr war als die bloße Abwesenheit von Gewalt, konnte viel Zeit vergehen. Die Geschichte des Friedens begleiteten in der Neuzeit daher viele Versuche, diesen Prozess durch institutionelle und rechtliche Rahmungen verlässlicher zu gestalten und jedenfalls den Rückfall in die Gewalt unwahrscheinlicher zu machen. Nach 1648 setzten Diplomaten und Juristen dabei auf ein multipolares Staatensystem, das Konzept des Gleichgewichts und der staatlichen Souveränität, um Interventionen von außen zu unterbinden. Seit 1648 kam es zu einer Professionalisierung der Diplomatie, der ab jetzt systematischer als bisher die Funktion zukam, instabile Staatenbeziehungen durch regelmäßige Treffen zu stabilisieren.[3]

Schließlich spielte die Herstellung und Sicherung des Friedens durch Recht und Normbildungen eine entscheidende Rolle. In diesem Sinne trugen alle wichtigen Friedenskongresse nach 1648 dazu bei, das Völkerrecht, das «ius publicum europaeum», weiterzuentwickeln. Dem entsprachen die Ansätze, den Krieg zu verrechtlichen, von der formalen Kriegserklärung über erste Grundsätze zur Behandlung von Zivilisten und Kriegsgefangenen bis zur formalen Gestaltung von Friedensverträgen. Dazu gehörten der Appell an den «ewigen Frieden» und die Verankerung von Amnestie und Amnesie in Form des «wohltätigen Vergessens» im Text der Verträge. Auch die Zeitgenossen wussten, dass der «ewige Frieden» keine realistische Erwartung, sondern ein Postulat darstellte, aber er spiegelte doch die grundsätzliche Höherbewertung des Friedens gegenüber dem Krieg wider. Demgegenüber sollten Amnestie und Amnesie die Kriminalisierung des Feindes verhindern und so die gegenseitige Gleichberechtigung der Parteien verankern.[4]

Die Aufgabe, den Frieden nach der Unterzeichnung der Verträge weiterzuentwickeln, war auch den Akteuren von 1815 unmittelbar bewusst. Die Beschlüsse des Wiener Kongresses gingen aus dieser Perspektive nicht darin auf, liberale und nationale Oppositionsgruppen zu unterdrücken. Angesichts zahlreicher lokaler und regionaler Aufstände und Konflikte verbot sich auch die Vorstellung eines universellen Weltfriedens. Aber die Politiker und Diplomaten setzten alles daran, die internationalen Beziehungen durch Folgekonferenzen weiterzuentwickeln, zunächst zwischen 1818 und 1822 in Aachen, Laibach, Troppau und Verona und danach durch Minister- und Botschafterkonferenzen. Obwohl diese Folgetreffen auch zum Austragungsort von Interessen- und Machtkonflikten wurden und zu keinem Zeitpunkt ein vollständiges System bildeten, entstand doch eine Basis für ein deliberatives Verständnis der internationalen Beziehungen, für die Kontinuität von Kontakten unterhalb großer Kongresse. Diese Form institutionalisierter Kommunikation half, Konfliktursachen zu erkennen und Eskalationen einzudämmen. Vor allem ließen die Folgetreffen die Notwendigkeit erkennen, politische Entscheidungen so weit wie möglich zu mäßigen. Allerdings zeigte die weitere Entwicklung nach 1830, dass wichtige Akteure von 1815 ihre kreative Flexibilität einbüßten. Auf dem Wiener Kongress und in den Jahren nach 1815 hatte Metternich seine Fähigkeit zu einer relativ maßvollen Politik und einer langfristigen Perspektive auf die Friedensgestaltung noch unter Beweis stellen können. Doch im Verlauf der 1830er und 1840er Jahre erstarrte seine Politik immer mehr. Diese Sklerose kennzeichnete am Vorabend der Revolution von 1848/49 seine innen- und außenpolitische Praxis.[5]

Als im Mai 1919 nach monatelangen kontroversen Verhandlungen und Krisen, in denen die Pariser Friedenskonferenz immer wieder kurz vor dem Abbruch stand, der Text des Versailler Friedensvertrages vorlag, zogen führende Teilnehmer Bilanz. Wie Ende 1918 verglich man den historischen Moment auch jetzt mit dem von 1815. Doch was sechs Monate zuvor noch mit großen Erwartungen verbunden gewesen war, ließ jetzt viele Zeitgenossen desillusioniert zurück. Angesichts der unter enormem Druck erzwungenen Kompromisse, die absehbar neue Konflikte provozieren würden, empfand auch der britische Diplomat Harold Nicolson so. Mitte Mai registrierte er die Reaktionen von Jan Smuts, der als Vertreter Südafrikas immer wieder eine wichtige Rolle in den Verhandlungen gespielt hatte. Die Weltkrise, die sich ihm 1919 offenbarte, begriff Smuts als ein «Ringen zwischen Führung und Anarchie. Die erstere hat sich … als unfähig zu irgendwelchen aufbauenden oder richtungweisenden Gedanken erwiesen. Sie hat sich vom Strom der öffentlichen Meinung treiben lassen, anstatt ihn in vernünftige Kanäle zu lenken.» Smuts hatte den «Eindruck, dass alles, was wir hier getan haben, noch viel schlimmer ist als der Wiener Kongress. Die Staatsmänner von 1815 wussten wenigstens, was sie taten. Diese nicht.»[6]

Doch trotz der Widersprüche und Schwächen des Friedensvertrages und der enormen emotionalen Verbitterung bei den Besiegten gelang 1919 immerhin ein Friedensschluss. Die Alternative, also ein Scheitern in Paris ohne Ergebnis und ein jederzeit brüchiger Waffenstillstand ohne langfristige Instrumente und Institutionen zum Umgang mit künftigen Konflikten, hätte in der Situation des Sommers 1919 das Potenzial gehabt, die Gewalt endemisch werden zu lassen. Die vielen Übergänge vom Staatenkrieg in sich überlappende ethnische Konflikte, Bürgerkriege und neue Staatsbildungskriege in Ost-, Ostmittel- und Südosteuropa ließen ahnen, was das für weite Teile Europas bedeutet hätte.[7] Die Pariser Friedenskonferenz repräsentierte insofern bei allen Hypotheken einen Fortschritt, und ihre Beschlüsse reflektierten ziemlich genau, was im Sommer 1919 möglich war. Smuts wusste, dass die Verträge eben keinen Frieden hervorbrachten, sondern Dokumente im Hinblick auf den Frieden darstellten – sie markierten wenig mehr als den Anfang für die langfristige Ausgestaltung einer neuen Nachkriegsordnung.[8]

Nur einen Tag nach der Unterzeichnung des Versailler Friedensvertrages kritisierte Smuts in einem Artikel für die «New York Times» schonungslos die seiner Ansicht nach zu scharfen Vertragsbedingungen gegenüber Deutschland, um dann auf die Zukunft zu blicken: «Die eigentliche Arbeit am Frieden wird erst beginnen, nachdem dieser Vertrag unterschrieben worden ist und ein definitives Ende der zerstörerischen Leidenschaften gesetzt ist, die Europa fast fünf Jahre lang heimgesucht haben.» Zur Bilanz gehörte für ihn nicht allein eine durch den Krieg beschädigte Zivilisation, sondern auch die Abwendung des aggressiven Militarismus, wie er ihn mit Preußen identifizierte. Vor allem sei aus den «pazifistischen Idealen» mit dem Völkerbund eine neue Institution entstanden, die die Chance auf einen wirklichen Frieden zwischen den Völkern biete, wobei Smuts aufgrund seiner eigenen Erfahrungen vor allem an die Kooperation zwischen den Mitgliedern des Britischen Empire und den Vereinigten Staaten dachte.[9] Die Völkerbundakte verkörpere jene Kriterien, an denen Verstöße in den internationalen Beziehungen ab jetzt gemessen werden könnten, und zwar vor den Augen der ganzen Welt.

Zudem glaubte Smuts an die progressiven Elemente der neuen Institution in Genf: von der Umsetzung der Selbstbestimmung und dem Schutz von Minderheitenrechten über Abrüstungsbemühungen und die Internationale Arbeitsorganisation bis zu den Völkerbundmandaten, die zumindest einen wichtigen Schritt in Richtung einer internationalen Kontrolle von Kolonialherrschaft bedeuteten, weil die Mandatsmächte als Treuhänder dem Völkerbund jährlich rechenschaftspflichtig wurden.[10] All das, so Smuts' Hoffnung, werde helfen, den Frieden aktiv zu gestalten und damit auch die ungelösten Probleme von 1919 anzugehen. Wie er blickten viele jüngere Diplomaten hoffnungsvoll nach Genf und auf die Chancen einer neuen Kultur des Internationalismus.

Tatsächlich trug der Völkerbund dazu bei, die Fortsetzung des Krieges mit anderen Mitteln zu überwinden, die bis 1923/24 die europäischen Gesellschaften prägte, solange Sieger und Besiegte auf Revisionskurs waren. Das galt zumal für die deutsch-französischen Beziehungen, für die das Ende der französischen Ruhrbesetzung 1924 und ein politischer Kurswechsel in Paris den Weg für eine erste Annäherung freimachten. Über die Verträge von Locarno 1925 wurde Deutschland im September 1926 Mitglied des Völkerbundes. Mit der Einbindung der Unterlegenen in eine internationale Sicherheitsarchitektur fast acht Jahre nach Kriegsende ging erst jetzt der lange Nachkrieg zu Ende.[11] Dabei erkannten die Zeitgenossen in den 1920er Jahren, dass die Gestaltung des Friedens über die bloße Ebene der Rechtsnormen hinausgehen musste, wenn sie erfolgreich sein sollte.[12] Vor diesem Hintergrund erweiterte sich nach 1918 das traditionelle Verständnis des Friedens. Hatte die traditionelle Bedeutung vor allem auf die Abwesenheit von Gewalt abgehoben, rückten jetzt politische, wirtschaftliche und soziale Sicherheitsfunktionen des modernen Staates in den Vordergrund. Damit aber erkannte man nach den Erfahrungen des Weltkrieges und der Verknüpfung von Krieg und Revolution seit 1917 viel stärker als zuvor auch innergesellschaftliche Konfliktursachen an. Genau hier setzte die in den Völkerbund eingebettete Internationale Arbeitsorganisation (ILO) an, die ebenfalls in Genf angesiedelt wurde. Ihr Ziel bestand darin, soziale Mindeststandards zu entwickeln und international durchzusetzen und damit einen Frieden langfristig zu stabilisieren.[13]

Man darf den Völkerbund insofern nicht allein aus dem Rückblick der 1930er Jahre beurteilen, als es ihm nicht gelang, die japanische Aggression gegen die Mandschurei 1931 einzudämmen, das Scheitern der 1932 in Genf begonnenen Abrüstungsverhandlungen zu verhindern und angemessen auf die italienische Invasion in Äthiopien ab 1935 und den sukzessiven Bruch der Versailler Vertragsbedingungen durch Deutschland zu reagieren. Für den Schweizer Ökonom und Diplomaten William Rappart hatte der Völkerbund im Kern drei entscheidende Funktionen: die Umsetzung der Friedensverträge, die Förderung internationaler Zusammenarbeit und die langfristige Ächtung des Krieges.[14] Und tatsächlich wirkten Experten des Völkerbundes bei der Umsetzung neuer Grenzen in Osteuropa, in der Verwaltung der Freien Städte wie Danzig und Fiume und des Saarlands mit. Zur Stabilisierung der neuen Republik Österreich gewährte man in Genf 1922 eigene Finanzhilfen. In den Konflikten um die Ålandinseln zwischen Schweden und Finnland und um den Nordirak und Mossul zwischen der Türkei und den Mandatsmächten im Nahen Osten gelang es den Vertretern des Völkerbundes, erfolgreich zu vermitteln.

Über solche konkreten Krisenlösungen hinaus entwickelten sich in Genf neue technische und administrative Strukturen und eine Basis für Expertenwissen, etwa im Blick auf die Flüchtlingsfrage und den Umgang mit der neuen Kategorie der «Staatenlosen».[15] Auf der anderen Seite blieb seine Politik in vielerlei Hinsicht widersprüchlich. Er wirkte mit seiner transnationalen Kooperation internationalisierend, aber seine Mitglieder plädierten 1923 nach dem Vertrag von Lausanne für die ethnische Homogenisierung von Konfliktregionen. Dazu sollten Bevölkerungen durch einen großangelegten Austausch neu definierten Grenzen angepasst werden. In der Praxis ging dieser Bevölkerungstausch zwischen Griechenland und der Türkei für die Betroffenen mit massiver Gewalt einher und verhärtete nationalstaatliche Grenzen. Nach dieser problematischen Erfahrung trat für die Politik des Völkerbundes der Schutz ethnischer Minderheiten in bestehenden Staaten stärker in den Vordergrund.[16]

Auch außerhalb des Völkerbundes kam es seit 1919 zu vielen Ansätzen, den Frieden aktiv zu gestalten und nicht bei den Bestimmungen der Friedensverträge von 1919/20 stehenzubleiben. Der liberale Internationalismus und die Idee eines friedlichen Wandels fanden jedenfalls nicht allein in Genf statt, wie die Washingtoner Konferenz von 1921/22 und auch die Verträge von Locarno 1925 bewiesen, auch wenn sie auf Genf hin orientiert waren. Hinzu kam die transatlantische Dimension der aktiven Friedensgestaltung. Auch nach dem politischen Scheitern Wilsons in der Ratifizierung des Versailler Vertrages und der Völkerbundakte blieben die Vereinigten Staaten angesichts ihrer wirtschaftlichen Möglichkeiten und ihres Status als größter globaler Gläubiger außenpolitisch präsent, wie die entscheidenden Ansätze zur Lösung der Reparationsproblematik ab 1924 bewiesen, vom Dawes- und Young-Plan über das Hoover-Moratorium bis zur Konferenz von Lausanne 1932, an deren Ende eine tragfähige Lösung stand. Ab Mitte der 1920er Jahre wurde damit in ersten Ansätzen eine europäisch-transatlantische Ordnungsvision erkennbar, an die man nach 1945 anknüpfen konnte.[17]

Aber am Ende bewiesen die Entwicklungen der 1930er Jahre, dass all diese Bemühungen den Ausbruch eines neuen Krieges nicht verhindern konnten. Viele Politiker und Diplomaten gingen von einer falschen Sicherheit aus, die ab 1931 sukzessive erodierte. Die Bemühungen, den Frieden nach 1918 auszugestalten, waren ehrlich gemeint, aber sie scheiterten angesichts der zum Krieg entschlossenen Regime in Deutschland und Japan und, weil gleichzeitig bis 1939 die letzte Bereitschaft fehlte, auf aggressive Expansion militärisch zu reagieren. Am 3. September 1939, zwei Tage nach Beginn des deutschen Angriffes auf Polen, bekannte der britische Premierminister Chamberlain vor dem Unterhaus in London: «Dies ist ein trauriger Tag für uns alle und für niemanden mehr als für mich. Alles, wofür ich gearbeitet habe, alles, was ich erhofft habe, alles, woran ich in meinem politischen Leben geglaubt habe, liegt in Trümmern.»[18] Doch Chamberlain blendete die eigene Verantwortung aus, nicht erkannt zu haben, dass ein Frieden trotz aller Stabilisierungsversuche scheitern konnte und man für diesen Fall eine konsequente Antwort benötigte. Ein noch unbekannter Colonel im Stab der amerikanischen Streitkräfte auf den Philippinen, Dwight D. Eisenhower, notierte nach der im Radio übertragenen Rede Chamberlains, dass es ein trauriger Tag für Europa und die zivilisierte Welt sei. Doch vor allem schien es ihm unmöglich, «dass Leute, die sich so stolz intelligent nennen, diese Situation entstehen lassen konnten.»[19]

Nach dem Ende des Zweiten Weltkrieges griff man in vielen Bereichen auf Erfahrungen mit den strukturellen Belastungen des Friedens nach 1918 zurück. Das galt zunächst für die finanziellen und wirtschaftlichen Folgen des Krieges. In seinem 1919 erschienenen Buch «The Economic Consequences of Peace» hatte John Maynard Keynes die überzogenen französischen Forderungen gegenüber Deutschland kritisiert und eine angloamerikanische Wirtschaftsvereinbarung ins Spiel gebracht, die neben reduzierten Forderungen an Deutschland eine Verringerung der interalliierten Schulden vorsehen sollte. Auch französische Experten hatten in diese Richtung argumentiert.[20] Doch die amerikanische Regierung blockierte diese Vorschläge, weil sie ohne massive Steuererhöhungen nicht über die notwendigen Mittel dafür verfügt hätte. Auch die Idee eines internationalen Kreditkonsortiums zur Stabilisierung der Nachkriegsgesellschaften kam nicht zustande. Doch nach 1945 und angesichts der durch den New Deal und den Zweiten Weltkrieg vorhandenen finanziellen Spielräume der US-Regierung knüpfte man an diese Ideen für ein großangelegtes Kreditprogramm in der Nachkriegszeit an. Insofern war der Marshall-Plan mehr als ein bloßes Instrument im Kalten Krieg. Er diente auch dem Ziel, die zweite Nachkriegsordnung besser zu stabilisieren und die Unterlegenen von Anfang an konsequent zu integrieren.[21]

Auch im Blick auf die deutsch-französischen Beziehungen wurden mitten in den scharfen Auseinandersetzungen um Annahme oder Ablehnung des Versailler Vertrages im Mai 1919 Ansätze sichtbar, aus der emotionalen Konfliktsituation herauszufinden. Deutsche und französische Experten entwickelten das Konzept bilateraler wirtschaftlicher Sicherheitsgarantien. Französische Industrien, die während des Krieges besonders stark beschädigt worden waren, sollten Beteiligungen an deutschen Unternehmen erwerben können, die ihrerseits Produkte nach Frankreich exportierten. Dadurch würde, so das Kalkül, langfristig auch politisches Vertrauen entstehen können. Obwohl diese Konzepte nicht konsequent aufgenommen wurden, repräsentierten sie doch eine Alternative zur Wahrnehmung von Diktat und symbolischer Demütigung. Auch Gustav Stresemann griff darauf zurück, als er darüber nachdachte, wie man ökonomische Vorteile und eine partielle und friedliche Vertragsrevision zusammenbringen könne. Mitten in der kritischen Phase der Friedenskonferenz wurde in ersten Umrissen ein Leitmotiv der späteren europäischen Integration nach dem Zweiten Weltkrieg erkennbar.[22]

Auch für das Recht als besonders wichtigen Faktor der Friedensgestaltung waren Lernprozesse zwischen 1918 und 1945 relevant.[23] Indem die Vertreter der Alliierten in den Nürnberger Kriegsverbrecherprozessen zwischen Verbrechen gegen den Frieden, Verbrechen gegen die Menschlichkeit und Kriegsverbrechen, also Verstößen gegen anerkannte Kriegsrechtsnormen, unterschieden, griffen sie bewusst auf Rechtsgrundlagen zurück, die nach 1918 entwickelt worden waren. Der bis 1939 von 63 Staaten unterzeichnete Briand-Kellogg-Pakt von 1928 hatte den Angriffskrieg als Mittel der Politik geächtet. Obwohl ohne Sanktionsinstrumente in den Krisen der 1930er Jahren wirkungslos, gingen seine Regelungen in die Satzung der Vereinten Nationen ein und bildeten eine entscheidende Argumentationsbasis für die Anklageschriften in Nürnberg und Tokio. Das Gleiche galt für die Genfer Rot-Kreuz-Konventionen von 1929 zur Behandlung von Kriegsgefangenen und Kriegsverwundeten.

Die Strafrechtsbestimmungen des Versailler Vertrages riefen angesichts der Forderung nach Auslieferung des abgedankten Kaisers und weiterer Angehöriger der politischen und militärischen Eliten in Deutschland massive Empörung hervor. Am Ende aber kam es in den Prozessen vor dem Leipziger Reichsgericht 1921/22 lediglich zu Verfahren gegen einzelne beschuldigte Militärs, nicht aber gegen die politische und militärische Führung insgesamt.[24] Verantwortliche für Kriegsgräuel wurden nicht angeklagt, weil sich Staatsanwälte und Richter nur auf wenige, klare Verstöße gegen das Kriegsvölkerrecht konzentrierten.[25] Insgesamt blieben die Versuche, nach dem Ersten Weltkrieg ein internationales Strafrecht durchzusetzen, weitgehend stecken. Aber langfristig trugen die Erfahrungen seit 1914 dazu bei, humanitäre Rechte zu expliziten Menschenrechten weiterzuentwickeln, denn Verstöße gegen das Kriegsvölkerrecht wurden jetzt aus dem kollektiven Handlungszusammenhang gelöst. Nur so ließen sich Taten individuell zuschreiben und Verbrechen strafrechtlich verfolgen.[26] Auch diese Erfahrungen flossen in die Nürnberger und Tokioter Kriegsverbrecherprozesse ein, bei denen Anklage und Verurteilung nicht mehr nationalen Gerichten der Besiegten oblag, sondern den Alliierten selbst.[27]

Aber wie können Gesellschaften jenseits rechtlicher Normen langfristig Frieden gestalten? Die Grenzen einer bewussten politischen Gestaltung durch ein Friedensabkommen wurden seit dem Abkommen von Dayton 1995 erkennbar. Der Versuch, für Bosnien-Herzegowina durch eine komplexe Verfassung allen Interessen und Wahrnehmungen der Kriegsparteien gerecht zu werden, gilt inzwischen als gescheitert. Bis heute hat sich kein von den unterschiedlichen Bevölkerungsgruppen wirklich geteiltes Staatsverständnis entwickeln können, während sich die Mechanismen ethnischer Politik eher verschärft haben. Für die dreieinhalb Millionen Einwohner existiert eine Struktur mit zwei Entitäten, zehn Kantonen, 15 Parlamenten, sechs Präsidenten und drei Regierungen mit 160 Ministern, insgesamt 760 Abgeordneten und einem dreiköpfigen Staatspräsidium, das alle acht Monate rotiert. Aus den guten Intentionen der Friedensmacher ist ein Staat mit dysfunktionalen Institutionen und zahlreichen Selbstblockaden durch weitgehende Vetorechte der unterschiedlichen Gruppen hervorgegangen. Der 1995 durch eine Resolution des Sicherheitsrates der Vereinten Nationen eingesetzte «Hohe Repräsentant» trug lange Zeit zu einer politischen Struktur bei, die zuweilen an ein Protektorat erinnerte, sodass den Eliten des Landes bis heute ein politisches Verantwortungsgefühl fehlt.[28]

Historische Deeskalationsprozesse für ganze Gesellschaften verlaufen noch einmal in einer ganz anderen Zeitspanne als diplomatische Vereinbarungen und internationale Abkommen. Sie sind eine Aufgabe von Generationen, wie die Etappen der langfristigen Annäherungen und Versöhnung etwa zwischen Deutschen und Franzosen und Deutschen und Polen nach dem Zweiten Weltkrieg dokumentieren. Zu diesen Prozessen gehört ohne Zweifel auch die systematische und öffentlich sichtbare Aufarbeitung von Kriegserfahrungen, Verbrechen und kollektiven Traumata, etwa im Rahmen sogenannter «Wahrheitskommissionen».[29] Nach 1945 spielten gerade für Deutschland die Kriegsverbrecherprozesse und Strafprozesse gegen NS-Täter eine wichtige Rolle. Wo solche Ansätze fehlen, können sich Feindbilder und historische Mythen verfestigen. Zwischen China und Japan gibt es keine Ansätze für eine solche Entwicklung, was das Verhältnis der ehemaligen Kriegsgegner auch in der Gegenwart noch extrem belastet. Stattdessen werden in der offiziellen Ausstellung des Yasukuni-Schreins, den täglich Tausende in der Mitte Tokios besuchen, bis heute die Massaker von Nanking 1937 und andere japanische Kriegsverbrechen geleugnet und im Blick auf die japanischen Streitkräfte im Zweiten Weltkrieg ein ungebrochener nationalistischer Heldenkult vermittelt.[30]

Einerseits tragen Prozesse und strafrechtliche Sanktionierungen dazu bei, den Erfahrungen der Opfer Raum zu geben und erlittenes Leid anzuerkennen. Andererseits können sich durch Aufarbeitungsprozesse Feindbilder zumindest kurz- und mittelfristig auch verhärten, weil Gerichtsprozesse durch die Bestrafung der Täter den Gedanken der Rache befeuern können und nicht auf freiwilliger Zustimmung von Tätern und Opfern gründen. Das zeigte sich in den Verfahren gegen Kriegsverbrecher des Jugoslawienkrieges vor dem Internationalen Strafgerichtshof. Nach der Verurteilung wurden sie in ihren Heimatgesellschaften von einem Teil der Öffentlichkeit als Helden und Märtyrer der Nation verklärt. Das beleuchtet paradigmatisch das grundsätzliche Dilemma zwischen Gerechtigkeit und Frieden – und es erinnert im Kontrast noch einmal an die Logik der frühneuzeitlichen Friedensverträge. Es gibt im 21. Jahrhundert sicher keine Rückkehr zu Amnestie und «wohltätigem Vergessen», weil wir heute mit guten Gründen anders auf jedes individuelle Opfer eines Krieges blicken als die Friedensmacher von 1648 oder 1815.[31] Einen stabilen Frieden ohne den Anspruch auf Gerechtigkeit können wir uns heute nicht mehr vorstellen – aber dieser historisch entstandene Anspruch bedeutet auch eine enorme Hypothek jeder Friedensgestaltung, wenn man sie als einen langfristigen mentalen Prozess versteht.

X. Paradoxe Enden

Nicht jeder Sieg ist ein Gewinn, und manche Niederlage wird zur Chance.

Auf eine katastrophale militärische Niederlage und einen demütigenden Frieden mit einer Revolution im eigenen Staat reagieren? Das erwartete man im Sommer 1807 nicht unbedingt von einem preußischen Spitzenbeamten. Karl August von Hardenberg hatte seit seiner Berufung zum Außenminister 1804 für eine konsequent antinapoleonische Politik im Bündnis mit den anderen europäischen Großmächten plädiert. Dadurch war er vor 1806 in Konflikt mit Friedrich Wilhelm IV. geraten. Doch nach der Niederlage von Jena und Auerstedt und angesichts der konkreten Gefahr, dass Preußen nicht nur erhebliche Gebietsverluste erleiden, sondern als Staat von der Landkarte verschwinden könnte, gelangte Hardenberg im April 1807 als leitender Minister ins Zentrum der Macht. Während er eine konsequente Zentralisierung der staatlichen Struktur Preußens plante, machte Napoleon seine Entlassung im Sommer 1807 zur Bedingung für den Frieden von Tilsit, weil er den antifranzösischen Kurs des Außenministers nicht vergessen hatte. Hardenberg sah sich gezwungen, Berlin zu verlassen und begab sich ins Exil nach Riga.

Dort verfasste er im September 1807 nach intensivem Austausch mit anderen Reformpolitikern wie dem Freiherrn vom Stein eine bemerkenswerte Denkschrift, um die ihn der preußische König gebeten hatte. In ihr forderte er eine umfassende innere Umgestaltung des preußischen Staates, die weit über die Traditionen des aufgeklärten Absolutismus hinauswies.[1] Hatten sich führende preußische Beamte vor 1806 primär darauf konzentriert, die polykratischen Verwaltungsstrukturen anzugehen und Wirtschaftsreformen auf den Weg zu bringen, erzwang die Katastrophe von 1806 einen neuen Ansatz und schuf für eine ganze Generation von Politikern, Beamten und hohen Offizieren neue Handlungsspielräume. So konnte die Staatskrise zur Reformchance werden, wobei von Anfang an die innere Regeneration die Basis für den künftigen Kampf gegen Frankreich bilden sollte. Neben der Zentralisierung der Staatsstrukturen forderte Hardenberg eine geschriebene Verfassung, meritokratische Auswahlkriterien bei der Rekrutierung von Beamten und die Abschaffung von Steuerprivilegien. Um das Militär nach der Niederlage zu stärken, sollten das bisherige Konskriptionssystem durch eine Art allgemeiner Wehrpflicht ersetzt werden und Beförderungen nicht mehr von geburtsständischen Privilegien abhängen.

Das «Rigaer Memorandum» reflektierte den Versuch, eine konstruktive Antwort auf die Niederlage von 1806 zu formulieren: «Ohne Macht ist keine Selbständigkeit und Interdependenz, also muss Preußen streben, diese wieder zu erlangen. Still stehen kann es jetzt weniger denn je [...] Vor allen Dingen muss es Kraft sammeln, das Innere in allen Zweigen wohl ordnen und planmäßig in Übereinstimmung bringen, auch sich ohne Zeitverlust wieder zum Kampfe rüsten, soweit es die Mittel gestatten, besonders zu dem der Verteidigung». Bewusst nahm Hardenberg den Begriff der «Revolution» von Frankreich auf und deutete ihn programmatisch um.

Wollte Preußen seine Reformbereitschaft und Reformfähigkeit beweisen, dann konnte es keine Rückkehr mehr zum politischen Status quo ante und den Strukturen des preußischen Ancien régime geben: «Der Wahn, dass man Revolution am sichersten durch Festhalten am Alten [...] entgegenstreben könne, hat besonders dazu beigetragen, die Revolution zu befördern [...] Also eine Revolution im guten Sinne, gerade hinführend zu dem großen Zwecke der Veredelung der Menschheit, durch Weisheit der Regierung und nicht durch gewaltsame Impulsionen von innen oder außen, – das ist unser Ziel, unser leitendes Prinzip. Demokratische Grundsätze in einer monarchischen Regierung.»[2] Die intensive Auseinandersetzung mit Frankreich war auch bei Hardenbergs Kollegen Karl Sigmund vom Stein zum Altenstein erkennbar. Der Kampf gegen Napoleon müsse auf dessen eigenen Prinzipien beruhen, nämlich durch die Zerstörung überkommener Strukturen neuen Kräften Spielraum zu verschaffen: «Napoleon hat die bei der Revolution in Frankreich zu Grunde liegende Idee der Zerstörung des Alten und Ruhenden zur Erweckung neuer Kräfte und deren unaufhaltsamen Äußerung beibehalten und deren Wirkung nur auf ganz Europa oder vielmehr auf die ganze Welt in anderer Gestalt übertragen.»[3]

Kann also die Niederlage zur Chance werden? Auf den ersten Blick scheinen «Sieg» und «Niederlage» historisch klare Kategorien mit entsprechenden Handlungsmöglichkeiten und Machtasymmetrien darzustellen. Doch verlieren sie bei näherer Betrachtung einiges von ihrer Eindeutigkeit – sie waren jedenfalls nicht lediglich objektive Konsequenzen von Kriegen, sondern immer auch das Ergebnis von subjektiven Wahrnehmungen, die sich je nach Perspektive der Akteure oder im zeitlichen Abstand veränderten. Wie eine Niederlage oder ein Sieg am Ende eines Krieges in den politischen Kanzleien und militärischen Kommandozentralen empfunden wurde, konnte sich erheblich von der Erfahrung einfacher Soldaten und Zivilisten unterscheiden. Und erst recht vergrößerte sich diese Differenz der Bewertung im zeitlichen Abstand zu einem Kriegsende.

In nachträglichen Erzählungen entwickelte sich jedenfalls ein breites Spektrum narrativer Möglichkeiten, mit den Kategorien von «Sieg» und «Niederlage» umzugehen.[4] Zwischen dem Eingeständnis der Niederlage und ihrer Verleugnung zeichneten sich dabei viele Übergänge ab: Man konnte wie im Falle Preußens nach 1806 die Niederlage als Vorteil sehen, weil sie die Basis für die eigene Regeneration gewesen sei und damit den späteren Sieg ermöglicht habe. In der Erinnerung konnte eine militärische Niederlage aber auch zum moralischen Sieg umgedeutet werden, so wie etwa im Falle der amerikanischen Südstaaten nach dem Ende des Amerikanischen Bürgerkrieges. Oder man versuchte, die Niederlage zu bagatellisieren, dem Gegner unfaire Praktiken vorzuwerfen oder die militärische Niederlage mit einem inneren Verrat zu erklären, wie es in der Dolchstoßlegende in Deutschland seit dem Ende des Ersten Weltkrieges geschah. Traumatische Niederlagen konnten in historische Narrative der Behauptung und des jahrhundertealten Opfers für ein übergeordnetes Ziel eingeordnet werden, so wie es in Ungarn seit dem Frieden von Trianon geschah.[5] Auch die bekannte Formel, dass die Niederlage in einer Schlacht noch kein Ende des Krieges bedeute, oder das Bild des Pyrrhussieges der Gegenseite, die sich einen weiteren Sieg dieser Art nicht mehr leisten könne, verwiesen auf unterschiedliche Modi, in denen Erfahrungen im Übergang vom Krieg in den Frieden überschrieben werden konnten.

Wenn alle Sieger im kurzen Moment des Sieges einander gleichen, dann erleben die Verlierer ihre Niederlagen in je eigener Weise.[6] Der Historiker Reinhart Koselleck hat argumentiert, dass die entscheidenden Einsichten in historische Prozesse nicht von den Siegern stammten, sondern die Niederlage die Unterlegenen in besonderer Weise für historische Erkenntnis qualifiziere. Der besondere Erfahrungsgewinn der Niederlage bestehe darin, dass die Einsichten «von länger währender Dauer und damit größerer Erklärungskraft» seien. Koselleck führte dies auf die größere Beweisnot der Unterlegenen zurück, die sich durch die Niederlage zur schonungslosen Analyse gezwungen sähen. Daher werde die Geschichte nur kurzfristig von den Siegern gemacht, «die historischen Erkenntnisgewinne» stammten langfristig aber «von den Besiegten».[7] Koselleck bezog sich dabei in erster Linie auf die Geschichtsschreibung und die Art und Weise, wie historische Deutungen von Kriegen langfristig Umschreibungen anregten, aus denen sich dann auch neue Erfahrungsstrukturen ergeben konnten.

Die subjektive Perspektive von «Sieg» und «Niederlage» gehört also zum Übergang vom Krieg in den Frieden. Gemessen am Maximalprogramm der Gegenreformation und des Restitutionsedikts von 1629 war der Ausgang des Dreißigjährigen Krieges eine katholische Niederlage. Aber der Westfälische Frieden mit der Definition des Normaljahres, der konfessionspolitischen Parität und dem Recht auf Auswanderung von einem in ein anderes Territorium des Heiligen Römischen Reiches erwies sich für viele katholische Herrschaftsträger, Kleriker und Untertanen als Gewinn. Die durch den Frieden gewonnene Rechtssicherheit stabilisierte die Katholische Kirche im Zentrum der Reformation, zumal im gesamteuropäischen Vergleich.[8]

Im 19. Jahrhundert entwickelten sich unterschiedliche Varianten des Umgangs mit Niederlagen. Der Zusammenhang zwischen der militärischen Katastrophe und dem Eingeständnis notwendiger Reformen blieb nicht auf Preußen beschränkt. Die Epoche der «Großen Reformen» im Zarenreich setzte mit der Niederlage im Krimkrieg ein, als Russland den seit dem Sieg über die Schweden bei Poltawa 1709 entwickelten Mythos der Unbesiegbarkeit einbüßte. Die Abfolge militärischer Niederlagen der Habsburgermonarchie gegen Piemont und Frankreich 1859/61 und gegen Preußen 1866 trug wesentlich dazu bei, der Monarchie im «Ausgleich» von 1867 eine neue politisch-konstitutionelle Struktur zu geben.[9]

Exemplarisch provozierte die Niederlage Frankreichs 1870/71 ganz unterschiedliche Bewertungen des Kriegsausganges. Während die bislang oppositionellen Republikaner ihre Hoffnungen auf einen Volkskrieg gegen die preußisch-deutschen Truppen zunächst mit der Interpretation verbanden, dass nur das bonapartistische Kaiserreich geschlagen worden sei, nicht aber die französische Nation, erblickten die Vertreter des französischen Katholizismus in der doppelten Niederlage Frankreichs im Staatenkrieg und im blutigen Bürgerkrieg der Pariser Kommune eine Strafe für moralische Dekadenz. Die Niederlage wurde für sie zur Chance für die religiöse und nationale Buße.[10] Der französische Religionswissenschaftler und Publizist Ernest Renan schließlich erinnerte die Franzosen bewusst an jenen Lernprozess, den die Erfahrung der Niederlage von 1806 für Preußen bedeutet hatte. Diesem Vorbild sollten die Franzosen jetzt folgen. Nicht noch einmal, so Renan 1870, dürfe sich Frankreich auf den Weg nationaler Schwäche und eines politischen Materialismus begeben, in dem das Land schon viel zu lange gefangen sei. Sedan sollte das Jena der Franzosen werden, und wie Preußen nach 1806 müsse es seine Niederlage als Ausgangspunkt für eine umfassende Erneuerung nutzen.[11]

Auch als Zar Nikolaus II. nach der katastrophalen Niederlage Russlands gegen Japan und der Revolution von 1905 eine Verfassung und ein Parlament konzedierte, schien dieser Zusammenhang zwischen Niederlage und Erneuerung noch einmal eine Rolle zu spielen. Aber es wäre falsch, ihn zu einer historischen Regel zu machen und damit die Niederlage positiv umzuwerten – dann würde die historische Analyse selbst zum geschichtspolitischen Narrativ werden. Häufig bündelten die Kriegsniederlagen eher längerfristige Probleme oder legten Strukturen schonungslos offen, waren mithin weniger Ursprung, sondern wirkten eher als ein Katalysator, der Kriseneinsichten intensivierte. Wenn die

Niederlage einen Austausch von Akteuren bewirkte, konnten für Reformkräfte oder Oppositionelle zumindest temporäre Handlungsspielräume entstehen. Zwischen situativen Erkenntnisgewinnen und konkreten Wirkungen lagen aber enorme Unterschiede. Viele der erwähnten Reformprojekte liefen nach wenigen Jahren aus, wie in Preußen nach 1815, wurden nur zögernd umgesetzt oder aktiv blockiert, nachdem die unmittelbaren Konsequenzen einer Niederlage in den Hintergrund traten, so wie in Russland seit den 1860er Jahren und erneut nach 1905. Der radikale Effizienztest des Krieges ließ sich jedenfalls nicht ohne weiteres in den Frieden verlängern. Der am Ende eines Krieges noch wahrgenommene unmittelbare Veränderungs- und Handlungsdruck nahm im Laufe der Zeit schnell wieder ab.

Am Ende des Ersten Weltkrieges waren die Rollen von «Siegern» und «Verlierern» zunächst scheinbar eindeutig verteilt.[12] Die Unterlegenen von der Verhandlung auszuschließen, sie am Ende mit Ultimaten zur Annahme der vorgelegten Verträge zu zwingen, mit der Wiederaufnahme des Krieges zu drohen: Auf all diesen Ebenen wirkten Signale, Symbole und Inszenierungen denkbar eindeutig. Doch jenseits davon wurden die Kategorien uneindeutiger.[13] Das zeigte sich gerade auch auf der Seite der Sieger. Bei ihnen wurden Umdeutungen erkennbar, in denen sich die Zweifel niederschlugen, ob die Ergebnisse des Friedens die zahllosen im Krieg erbrachten Opfer wirklich rechtfertigten. Für die Gesellschaften der Sieger und die politische Legitimation der Nachkriegsordnung erwies sich diese Frage nach dem Krieg als fundamental.

Ende April 1919 waren die Sieger des Krieges im «Rat der Vier» auf der Pariser Friedenskonferenz unter sich. Aber der Streit über die konkreten Friedensbedingungen und die Kompensationen für die zurückliegenden Opfer trennte sie. Nachdem sich in den Verhandlungen abgezeichnet hatte, dass Wilson, Lloyd George und Clemenceau nicht bereit waren, die italienischen Forderungen nach einer Angliederung Fiumes an Italien zu erfüllen, geschah in der Besprechung am 20. April 1919 etwas völlig Unerwartetes. Der italienische Ministerpräsident Orlando brach in Tränen aus und verstieß damit gegen die Konventionen einer diplomatischen Kultur, die auf eine strenge Emotionskontrolle setzte. Die anwesenden Politiker der anderen Siegermächte reagierten fast ungläubig: «Plötzlich erschien Orlando am Fenster, lehnte sich an das Geländer und vergrub sein Gesicht in seinen Händen. Ich dachte, es sähe so aus, als weine er, konnte es aber nicht glauben, bis ich sah, wie er sein Taschentuch aus der Tasche nahm und sich Augen und Wangen abwischte [...] Im Zimmer schaute Clemenceau kalt zu. Die Briten waren vor Entsetzen erstarrt; Hankey sagte, er hätte seinem eigenen Sohn für eine so schändliche Zurschaustellung von Gefühlen den Hintern versohlt.»[14]

Die Fragilität des Sieges prägte auch die Wahrnehmung in Frankreich, wo das Gefühl der Verwundbarkeit weit über den November 1918 und den Juni 1919 vorherrschend blieb.[15] Die von der französischen Delegation immer wieder eingebrachten Forderungen auf der Friedenskonferenz reflektierten dieses ungelöste Sicherheitsproblem, und vor diesem Hintergrund erfüllten die symbolisch überzogenen Markierungen von Siegern und Unterlegenen auch eine kompensatorische Funktion. Clemenceau selbst war sich der Verwundbarkeit seines Landes bewusst. Wenige Wochen nach der Unterzeichnung des Versailler Vertrages, im Oktober 1919, begründete er die pronatalistische Bevölkerungspolitik seiner Regierung nicht nur mit der durch den Krieg entstandenen demografischen Defensive. Es gehe vielmehr um die Existenz Frankreichs: «Der Vertrag führt nicht im Detail aus, dass sich Frankreich dazu bekennen muss, viele neue Kinder zu bekommen. Aber das ist das allererste, was dort geschrieben stehen sollte. Denn wenn Frankreich sich nicht zur ‹famille nombreuse› bekennt, ist es nicht mehr wichtig, welche raffinierten Sätze der Vertrag enthält oder ob man Deutschland alle Waffen nimmt. Man kann tun, was immer man will: Frankreich wird verloren sein, wenn es kein französisches Volk mehr gibt».[16]

Beide Beispiele zeigten, dass nach 1918 der Legitimationsdruck für die Sieger angesichts der zurückliegenden Opfer und anhaltenden Belastungen des Nachkrieges enorm anstieg, während von der Kategorie des Sieges keine uneingeschränkte Überzeugungskraft mehr ausging. Der Friedensschluss schien dem Ausmaß des Krieges nicht gerecht zu werden, er blieb hinter den Erwartungen zurück. Die Metapher der «vittoria mutilata», des verstümmelten Sieges, der nur eine andere Variante des angeblich verratenen Friedens darstellte, entstand in diesem Kontext. In Italien trug sie entscheidend dazu bei, den liberalen Regierungen nach 1918 ihre Legitimation abzusprechen und den Weg in den Faschismus zu ebnen.[17] Weitgehend ungebrochen war dagegen das Gefühl des Sieges in den neu- oder wiedergegründeten Staaten Ostmittel- und Südosteuropas. Die Interpretation des Sieges als gleichsam geschichtliche Notwendigkeit und die Einordnung der eigenen Staatsbildung in einen universellen Zusammenhang setzten die eindeutige Trennung zwischen der Niederlage der autokratischen Empires, die jetzt mehr als zuvor als «Völkergefängnisse» stigmatisiert wurden, und den neuen Staaten als Verkörperung fortschrittlicher Prinzipien voraus. Allerdings überstrahlte diese Geschichtspolitik auch die drängenden Fragen, wer eigentlich zu diesen neuen Staaten gehörte und wie zumal die nationalen Minderheiten auf diese Selbstdeutungen blickten.[18]

Den unterlegenen Deutschen erlaubte nach 1918 die Dolchstoßlegende mit der Vorstellung, man sei durch inneren Verrat und Defätismus um den kurz bevorstehenden und verdienten

Sieg gebracht worden, Kriegsende, Revolution und Friedensvertrag zu einem Negativkomplex zusammenzufassen. Daraus resultierte die anhaltende Suche nach inneren und äußeren Verrätern, egal ob man sie in der radikalen Linken oder nach dem Mai 1919 in Woodrow Wilson und den von ihm verkörperten Werten des liberalen Internationalismus und der westlichen Demokratie erkannte.

Doch obwohl die Verbitterung über die Umstände des Friedens in der Weimarer Republik ohne Zweifel anhielt und den Feinden der Republik immer wieder Anlässe lieferte, die Republik zu verunglimpfen, gab es im Laufe der 1920er Jahre auch andere Einschätzungen, die sich von diesen Narrativen emanzipierten. Zehn Jahre nach Kriegsende und fünf Jahre nach dem Krisenjahr 1923 verschwieg der Journalist und Pazifist Carl von Ossietzky nicht die Hypotheken der neuen demokratischen Republik. Aber er blickte vor allem nüchtern auf die Chancen des langen Nachkrieges für die Deutschen: «Deutschland ist jetzt zehn Jahre Republik, und diese neue Staatsform hat das Land aus seiner größten Katastrophe gerettet und vor Zertrümmerung bewahrt. Ein von der Dynastie unterzeichneter Friede hätte wahrscheinlich dazu geführt, dass sich die süddeutschen Potentaten, ihre Unschuld am Kriege sanft beteuernd, nach irgendwo hin verfügt hätten, so wie es Bayern auch als angeblicher Volksstaat versucht hatte. Der Verband des Reiches wäre auf alle Fälle gesprengt worden.» Zwar habe Deutschland «Gebiete verloren, es muss schwere Reparationen leisten, und noch ist ein Stück Rheinufer besetzt. Dafür aber ist es aus der Sphäre des Imperialismus heraus.» Was wären die Konsequenzen gewesen, wenn sich die militärische Elite um Ludendorff am Ende durchgesetzt hätte? «Dann wäre bis heute noch kein Frieden in der Welt gewesen, jeder erwachsene Deutsche einerlei welchen Geschlechts, würde draußen in der Welt günstigstenfalls Etappendienst machen und aufpassen, ob die von den Alldeutschen geschmiedeten Ketten auch richtig sitzen; alle Deutschen wären nach zehn Jahren noch immer unterwegs, und im Land wäre nichts als – die Zentrale für Heimatdienst. Zur Abwicklung.»[19]

Nach dem Zweiten Weltkrieg entstand in der Bundesrepublik mit dem Deutungsmuster des «deutschen Sonderweges» ein aus den Erfahrungen von Krieg, Holocaust und katastrophalen Niederlagen geschöpftes Narrativ. Es versuchte Erklärungen zu liefern und damit zugleich zu definieren, womit man nach 1945 brechen musste, um im Kreis der westlichen Demokratien anzukommen. Insofern leistete die Debatte um den «deutschen Sonderweg» einen wichtigen Beitrag dazu, den verlorenen Krieg und die moralische Katastrophe zu verarbeiten.[20] Doch zugleich legte diese Erzählung eine scharfe Trennung zwischen der Phase 1933–1945 und der Entwicklung nach 1945 nahe – viele Kontinuitäten blieben davon ausgegrenzt: nicht allein in den Biografien der NS-Täter vor und nach 1945, sondern auch im Anti-Kommunismus, der im Kalten Krieg eher noch zugespitzt wurde. Auch das lange dominierende Selbstbild vieler Deutscher als Opfer – Hitlers, der Alliierten, der Sowjetunion – gehört in diesen Zusammenhang. Erst seit den 1960er Jahren, etwa im Zuge der Frankfurter Auschwitz-Prozesse, begann die kritische Dekonstruktion vieler dieser Selbstbilder – abgeschlossen ist sie bis heute nicht.[21]

Was zeigen die paradoxen Enden? Sie dokumentieren zunächst, dass «Sieg» und «Niederlage» mehr als objektive Kategorien waren, die sich an den konkreten Bestimmungen von Friedensverträgen messen ließen. Aus Wahrnehmungen und Deutungen konnten im Laufe der Zeit, in Erinnerungen oder geschichtspolitischen Instrumentalisierungen, eigene handlungsleitende Realitäten entstehen. Gerade die Fabrikation der Mythen erinnert uns daran, dass es nicht ausreicht, allein nach objektivierbaren Fakten und rationalen Zielen zu suchen, wenn man die Entstehung von Kriegen oder ihre Enden verstehen will. Es ist gerade die Indienstnahme der «tiefen Geschichte», von Bildern und Erzählungen, die manipulative Verknüpfung von Interesse und Mythos, Kalkül und Emotion, aus der handlungsleitende Realität entstehen kann. Das prägte die Jahre vor 1914, als subjektive Bedrohungs-, Abstiegs- und Verratsmotive wie die angebliche «Einkreisung» des Deutschen Reiches oder das Schreckensbild eines «kranken Mannes am Bosporus» für das Osmanische Reich viele politische Krisenreaktionen beeinflussten. Und es galt erst recht für die Motive der nach 1919 «verstümmelten» oder «verratenen Siege». Solche Vorstellungen entwickelten für die Zeitgenossen eine enorme Dynamik und politische Relevanz.

In Russland erlebten viele Menschen die Jahre nach dem Ende der Sowjetunion 1991 als vielfache Niederlage: als wirtschaftliches Chaos und soziale Verarmung, als Auflösung staatlicher Ordnung, als außenpolitischen Niedergang. Obwohl der Kalte Krieg weitgehend friedlich zu Ende ging, konnte sich vor diesem Hintergrund ein post-imperialer Phantomschmerz entwickeln, der bis heute weiterwirkt. Auf sie griff eine neo-imperiale Geschichtspolitik zurück, mit der das Regime von Wladimir Putin die eigene Gesellschaft seit vielen Jahren auf einen Konflikt mit dem Westen vorbereitet hat. Wie in den 1920er und 1930er Jahren konnte das subjektive Bewusstsein, betrogen und gedemütigt worden zu sein, geschichtspolitisch instrumentalisiert und zugespitzt werden und so selbst handlungsleitend wirken.[22]

Der heute oft zitierte Satz des spanisch-amerikanischen Philosophen George Santayana, dass derjenige, der sich nicht an die Geschichte erinnere, dazu verurteilt sei, sie zu wiederholen, wäre dem französischen Historiker Alexis de Tocqueville nicht in den Sinn gekommen:[23] Nach seinen Erfahrungen in der Revolution von 1848/49 bekannte er, dass man «in der Politik oft untergeht, weil man ein zu gutes Gedächtnis hat.» Die Erinnerung werde zu einem Hindernis für die Wahrnehmung der Gegenwart, wenn man schon im Mittelpunkt vergangener Ereignisse gestanden habe und glaube, die Fehler von einst vermeiden zu können. Tocquevilles Folgerung aus diesen Erfahrungen lautete: «Wenn auch die Menschheit immer die gleiche bleibt, ist jeder geschichtliche Vorgang verschieden. Die Vergangenheit lehrt nicht viel über die Gegenwart, und die alten Bilder, die man in neue Rahmen zwingt, wirken immer schlecht.»[24]

Einmaligkeit und Wiederholung bilden aber in der Geschichte keine absoluten Gegensätze, sondern sind ineinander verschränkt – das hat Reinhart Koselleck versucht, mit dem Begriff der «Wiederholungsstruktur» zu erfassen.[25] Die Einmaligkeit der geschehenen Geschichte setzt bestimmte Wiederholungsstrukturen voraus, so wie das einmalige Sprechen ohne die Wiedererkennbarkeit von Vokabularen und die wiederholte Geltung sprachlicher Regeln in einer Grammatik nicht funktionieren könnte. Auch das Vertrauen auf Gerechtigkeit und Rechtssicherheit benötigt das iterative, immer wieder neu zur Geltung gebrachte Recht. Zäsur und Wiederholung sind miteinander verbunden und ineinander verschränkt: Der Umbruch, die Einmaligkeit der Geschichte, setzt die Rekurrenz voraus. Es gibt also keine zyklische Wiederholung historischer Erfahrungen wie 1914, 1939 oder 1941, weil es sich um jeweils einmalige Ereignisse handelte. Aber es existieren doch interpretative Strukturen und Leitmotive, auf die Menschen zurückgreifen, wenn sie sich Geschichte aneignen: zum Beispiel Bedrohungs- und Abstiegsszenarien oder Verratsmotive. In diesem Sinne haben wir es auch nicht mit einer «Rückkehr der Imperien» zu tun, sondern mit vielfältigen Formen instrumentalisierbarer «Imperialität», ob in geschichtspolitischen Inszenierungen, Phantomschmerzen oder revisionistischen Zukunftsszenarien.[26]

Aber die Geschichte der Wahrnehmung von «Sieg» und «Niederlage» verweist nicht allein auf die Macht und Reichweite solcher Deutungen und Selbstbilder, egal ob sie national oder imperial übersteigert sind. Sie reflektiert vor allem auch die Chancen, sich langfristig von solchen Narrativen zu befreien, und das heißt: die eigene Geschichte nüchtern anzunehmen, sie kritisch aufzuarbeiten, und mit ihren Belastungen konsequent zu brechen, ohne historische Kontinuität zu leugnen.

Anmerkungen

Einleitung

1 Im Folgenden Holger Afflerbach, Die Kunst der Niederlage. Eine Geschichte der Kapitulation, München 2013, S. 167–168 und 225–227.

2 John M. Yumoto, The Samurai Sword: A Handbook, North Clarendon/VT 1979; Tom Kishida und Kenji Mishina, The Yasukuni Swords: Rare Weapons of Japan, 1933–1945, New York 2004.

3 Hirō Onoda, No Surrender: My Thirty-Year War, übersetzt von Charles S. Terry, Annapolis/MD 1974.

4 Ebd., S. 118; Afflerbach, Kunst der Niederlage, S. 227.

5 Ebd., S. 167–168.

6 Jörn Leonhard, Die Büchse der Pandora. Geschichte des Ersten Weltkriegs, 6. Aufl. München 2020, S. 127–146.

7 Robert F. Randle, The Origins of Peace. A Study of Peacemaking and the Structure of Peace Settlements, New York/NY 1973; Stuart Albert und Edward C. Luck (Hg.), On the Endings of War, New York/NY 1980; A. J. P. Taylor, How Wars End, London 1985; Volker Matthies (Hg.), Vom Krieg zum Frieden. Kriegsbeendigung und Friedenskonsolidierung, Bremen 1994; Bernd Wegner (Hg.), Wie Kriege enden. Wege zum Frieden von der Antike bis zur Gegenwart, Paderborn 2002; Dan Reiter, How Wars End, Princeton 2009; Gerd Althoff (Hg.), Frieden stiften. Vermittlung und Konfliktlösung vom Mittelalter bis heute, Darmstadt 2011; Damien Kingsbury und Richard Iron (Hg.), How Wars End. Theory and Practice, London 2022.

8 Edgar Wolfrum, Krieg und Frieden in der Neuzeit. Vom Westfälischen Frieden bis zum Zweiten Weltkrieg, Darmstadt 2003, S. 95–98; Manfred F. Boemeke, Roger Chickering und Stig Förster (Hg.), Anticipating Total War. The German and American Experiences 1871–1914, Cambridge/MA 1999.

9 Jörn Leonhard, Der überforderte Frieden. Versailles und die Welt 1918–1923, 2. Aufl. München 2019, S. 217–221.

10 Wolfrum, Krieg und Frieden, S. 107–126.

11 Christopher Coker, How Wars End, in: Millenium. Journal of International Studies 26/3 (1997), S. 615–629; Sandra Destradi und Andreas Mehler, Wann, wie und warum enden Kriege?, in: GIGA (German Institute of Global and Area Studies) Focus 4 (2010), S. 1–8; Chiara De Franco, Andreas Engberg-Pedersen und Martin Mennecke, How Do Wars End? A Multidisciplinary Enquiry, in: Journal

of Strategic Studies 42/7 (2019), S. 889–900; Joachim Krause, How Do Wars End? A Strategic Perspective, in: Journal of Strategic Studies 42/7 (2019), S. 920–945; Mary Lindemann, How Great Wars End. Legacies and Lessons. German Studies Association Presidential Address 2018, in: German Studies Review 42/2 (2019), S. 339–352.

12 Jörn Leonhard, Die Rückkehr der Imperien? Putins Krieg und seine globalen Implikationen (zusammen mit Dietmar Neutatz, Sabine Dabringhaus, Tim Krieger, Heinrich Kirschbaum, Elisabeth Piller und Melanie Arndt), in: Journal of Modern European History 20/2 (2022), S. 148–160; Ders., Die Grenzen der Analogien. Der Krieg in der Ukraine als historische Zäsur, in: Osteuropa 72 (2022), Themenheft: Auf ganzer Front. Russlands Krieg: Friktionen und Folgen, S. 3–12.

13 Ders., Das Gespenst des Imperialen. Zäsur und Wiederholung: Über die Wiederkehr eines historischen Musters im Ukrainekrieg, in: Frankfurter Allgemeine Zeitung, 12. April 2022.

I. Krieg und Frieden

1 Zitiert nach: Hans Medick, Der Dreißigjährige Krieg. Zeugnisse vom Leben mit Gewalt, Göttingen 2018, S. 366; Gerd Zillhardt, Der Dreißigjährige Krieg in zeitgenössischer Darstellung. Hans Heberles ‹Zeytregister› (1618–1672). Aufzeichnungen aus dem Ulmer Territorium. Ein Beitrag zu Geschichtsschreibung und Geschichtsverständnis der Unterschichten, Stuttgart 1975, S. 230–248.

2 Georg Schmidt, Die Reiter der Apokalypse. Geschichte des Dreißigjährigen Krieges, 2. Aufl. München 2018, S. 585–620.

3 Ebd., S. 549–585.

4 Barbara Stollberg-Rilinger, Parteiische Vermittler? Die Westfälischen Friedensverhandlungen 1643–48, in: Althoff (Hg.), Frieden stiften, S. 123–146.

5 Dies., Des Kaisers alte Kleider. Verfassungsgeschichte und Symbolsprache des Alten Reiches, München 2008, S. 139–140.

6 Siegrid Westphal, Der Westfälische Frieden, München 2015, S. 57–109.

7 Michael Howard, Der Krieg in der europäischen Geschichte. Vom Ritterheer zur Atomstreitmacht, München 1981; Jost Dülffer, Versailles und die Friedensschlüsse des 19. und 20. Jahrhunderts, in: Ders., Frieden stiften. Deeskalations- und Friedenspolitik im 20. Jahrhundert, hg. von Marc Frey, Ulrich S. Soénius und Guido Thiemeyer, Köln 2008, S. 157–173, hier: S. 158–159.

8 Kerstin von Lingen (Hg.), Justice in Times of Turmoil. War Crimes Trials in Asia, 1945–1954, London 2016; Dies. (Hg.), Transcultural Justice at the Tokyo Tribunal. The Allied Struggle for Justice, 1946–48, London 2018.

9 Lothar Gall, Bismarck. Der weiße Revolutionär, Frankfurt/M. 1980, S. 364–372 und 441–443.

10 Karl Marx, Die Französische Abrüstung (1859), in: Ders. und Friedrich Engels,

Werke, hg. vom Institut für Marxismus-Leninismus beim ZK der SED, 39 Bde., Ost-Berlin 1956–68, 13. Aufl. 1981, hier: Bd. 13, wieder in: Dies., Staatstheorie. Materialien zur Rekonstruktion der marxistischen Staatstheorie, hg. von Eike Hennig, Joachim Hirsch, Helmut Reichelt und Gert Schäfer, Frankfurt/M. 1979, S. 577–578, hier: S. 578; Jörn Leonhard, Bellizismus und Nation. Kriegsdeutung und Nationsbestimmung in Europa und den Vereinigten Staaten 1750–1914, München 2008, S. 517–534; Ders., Der Ort der Nation im Deutungswandel kriegerischer Gewalt: Europa und die Vereinigten Staaten 1854–1871, in: Jahrbuch des Historisches Kollegs 2004, München 2005, S. 111–138.

11 Hannah Arendt, On Revolution, London 1963, S. 5; Bernd Weisbrod, Die Politik der Repräsentation. Das Erbe des Ersten Weltkrieges und der Formwandel der Politik in Europa, in: Hans Mommsen (Hg.), Der Erste Weltkrieg und die europäische Nachkriegsordnung. Sozialer Wandel und Formveränderung der Politik, Köln 2000, S 13–42, hier: S. 36.

12 Zitiert nach: Marc Frey, Vietnam: Friedenssuche und Konfliktlösung in vergleichender Perspektive, in: Wegner (Hg.), Wie Kriege enden, S. 281–306, hier: S. 286, David D. Schulzinger, A Time for War. The United States and Vietnam, 1941–1975, New York/NY 1997, S. 263.

13 Jörg Fisch, Krieg und Frieden im Friedensvertrag. Eine universalgeschichtliche Studie über Grundlagen und Formelemente des Friedensschlusses, Stuttgart 1979; Dülffer, Versailles und die Friedensschlüsse, S. 163–165; Dieter Mertens, Europäischer Friede und Türkenkriege im Spätmittelalter, in: Heinz Duchhardt (Hg.), Zwischenstaatliche Friedenswahrung in Mittelalter und Früher Neuzeit, Köln 1991, S. 45–90.

14 Afflerbach, Kunst der Niederlage, S. 173–177; Jürgen Osterhammel, Die Verwandlung der Welt. Eine Geschichte des 19. Jahrhunderts, München 2009, S. 692–708; Ulrike von Hirschhausen und Jörn Leonhard, Empires – Eine globale Geschichte 1780–1920, München 2023, S. 62–87.

15 Zachary Shirkey, When and How Many. The Effects of Third Party Joining on Casualities and Duration in Interstate Wars, in: Journal of Peace Research 49/2 (2012), S. 321–334.

16 Dülffer, Versailles und die Friedensschlüsse, S. 160–161.

17 Leonhard, Büchse der Pandora, S. 59–64.

18 Im Folgenden Marie-Janine Calic, Das Abkommen von Dayton. Die Fortsetzung des Krieges mit anderen Mitteln, in: Geschichte in Wissenschaft und Unterricht 70 (2019), S. 326–338; Arabelle Bernecker, Internationales Konfliktmanagement am Beispiel des Krieges um Bosnien, 1992–1995, Frankfurt/M. 2001; Daniel Eisermann, Der lange Weg nach Dayton. Die westliche Politik und der Krieg im ehemaligen Jugoslawien 1991 bis 1995, Baden-Baden 2000.

19 Calic, Abkommen von Dayton, S. 326–327; Dies., Südosteuropa. Weltgeschichte einer Region. 2. Aufl. München 2017, S. 365–366.

20 Dies., Abkommen von Dayton, S. 328–329.

21 Ebd., S. 330; Dies., Krieg und Frieden in Bosnien-Herzegowina, Frankfurt/M. 1996, S. 186–206; Ira William Zartman, Ripe for Solution. Conflict and Intervention in Africa, New York/NY 1989, S. 267–269.
22 Dülffer, Versailles und die Friedensschlüsse, S. 161.
23 Calic, Abkommen von Dayton, S. 334–337; Dülffer, Versailles und die Friedensschlüsse, S. 161.

II. Kontingente Dynamik

1 Otto Bardong (Hg.), Friedrich der Große, Darmstadt 1982, S. 403; Johannes Kunisch, Friedrich der Große. Der König und seine Zeit, München 2004, S. 404–405.
2 Brief vom 16. August 1759, in: Politische Correspondenz Friedrichs des Großen, hg. von Reinhold Koser, Albert Naudé, K. Treusch von Buttlar, Otto Hermann, Gustav Bertold Volz und Peter Baumgart, 47 Bde., Berlin 1879–1939 und Köln 2003, hier: Bd. 18, S. 488; Kunisch, Friedrich der Große, S. 405.
3 Ebd., S. 416.
4 Eberhard Kessel, Das Ende des Siebenjährigen Krieges. 1760–1763. Torgau und Bunzelwitz, Schweidnitz und Freiberg, Paderborn 2007.
5 Marian Füssel, Der Preis des Ruhms. Eine Weltgeschichte des Siebenjährigen Krieges, München 2019, S. 511.
6 Johannes Kunisch, Von der gezähmten zur entfesselten Bellona. Die Umwertung des Krieges im Zeitalter der Revolutions- und Freiheitskriege, in: Ders., Fürst – Gesellschaft – Krieg. Studien zur bellizistischen Disposition des absoluten Fürstenstaates, Köln 1992, S. 203–226.
7 Füssel, Preis des Ruhms, S. 512–513.
8 Im Folgenden Afflerbach, Kunst der Niederlage, S. 169–173.
9 Leonhard, Bellizismus und Nation, S. 273–281; Ders., Interesse der Völker und bürgerliche Glückseligkeit? Außenpolitik und Öffentlichkeit in Europa 1792–1815, in: Andreas Klinger, Hans-Werner Hahn und Georg Schmidt (Hg.), Das Jahr 1806 im europäischen Kontext. Balance, Hegemonie und politische Kulturen, Köln 2008, S. 151–168.
10 Afflerbach, Kunst der Niederlage, S. 170–171; Charles J. Esdaile, The Peninsular War: A New History, London 2002, S. 102; Susan Valladares, «For the Sake of Illustrating Principles»: Wordsworth, the Convention of Cintra, and Satirical Prints, in: European Romantic Review 24/5 (2013), S. 531–554.
11 Michael Hundt, Frieden und internationale Ordnung im Zeitalter der Französischen Revolution und Napoleons I. (1789–1815), in: Wegner (Hg.), Wie Kriege beenden, S. 121–160, hier: S. 155; Michael Hundt, Die mindermächtigen deutschen Staaten auf dem Wiener Kongress. Mainz 1996, S. 15–32; August Fournier, Napoleon I. Eine Biographie, 3 Bde., 3. Aufl. Wien 1913, hier: Bd. 3, S. 138; Charles Webster, The Foreign Policy of Castlereagh 1812–1815. Britain and the

Reconstruction of Europe, London 1931, S. 92–102; Henry A. Kissinger, Das Gleichgewicht der Großmächte. Metternich, Castlereagh und die Neuordnung Europas 1812–1822, Zürich 1986, S. 111–119.

12 Afflerbach, Kunst der Niederlage, S. 170.

13 Ebd., S. 172.

14 Adam Zamoyski, 1812. Napoleons Feldzug in Russland (engl. 2004), München 2012, S. 607–608.

15 Leonhard, Bellizismus und Nation, S. 546–558.

16 Eberhard Kolb, Der Pariser Commune-Aufstand und die Beendigung des deutsch-französischen Krieges, in: Historische Zeitschrift 215 (1972), S. 265–298; Ders., Der schwierige Weg zum Frieden. Das Problem der Kriegsbeendigung 1870/71, in: Historische Zeitschrift, 241/1 (1985), S. 51–79; Ders., Der Weg aus dem Krieg. Bismarcks Politik im Krieg und die Friedensanbahnung 1870/71, München 1989.

17 Afflerbach, Kunst der Niederlage, S. 172–173.

18 Leonhard, Büchse der Pandora, S. 29–33; Ders., Die Nationalisierung des Krieges und der Bellizismus der Nation: Die Diskussion um Volks- und Nationalkrieg in Deutschland, Großbritannien und den Vereinigten Staaten seit den 1860er Jahren, in: Christian Jansen (Hg.), Der Bürger als Soldat. Die Militarisierung europäischer Gesellschaften im langen 19. Jahrhundert: ein internationaler Vergleich, Essen 2004, S. 83–105.

19 Dennis E. Showalter, Railroads and Rifles: Soldiers, Technology and the Unification of Germany, Hamden/CT 1975, S. 77–99; Dierk Walter, Roonsche Reform oder militärische Revolution? Wandlungsprozesse im preußischen Heerwesen vor den Einigungskriegen, in: Karl-Heinz Lutz, Martin Rink und Marcus von Salisch (Hg.), Reform, Reorganisation, Transformation. Zum Wandel in deutschen Streitkräften von den preußischen Heeresreformen bis zur Transformation der Bundeswehr, München 2010, S. 181–198, hier: S. 192–193; Stig Förster, Helmuth von Moltke und das Problem des industrialisierten Volkskriegs im 19. Jahrhundert, in: Roland G. Foerster (Hg.), Generalfeldmarschall von Moltke. Bedeutung und Wirkung, München 1991, S. 103–115; Ders., Facing «People's War». Moltke the Elder and Germany's Military Options after 1871, in: Journal of Strategic Studies 10 (1987), S. 209–230.

20 Helmuth von Moltke, Über den angeblichen Kriegsrat in den Kriegen König Wilhelms I. (1881), in: Reinhard Stumpf (Hg.), Kriegstheorie und Kriegsgeschichte. Carl von Clausewitz und Helmuth von Moltke, Frankfurt/M. 1993, S. 591–601, hier: S. 600.

21 Brief Moltkes an Johann Kaspar Bluntschli vom 11. Dezember 1880, in: Stumpf (Hg.), Kriegstheorie und Kriegsgeschichte, S. 487–489, hier: S. 488.

22 Denkwürdigkeiten des General-Feldmarschalls Alfred Grafen von Waldersee, auf Veranlassung des Generalleutnants Georg Grafen von Waldersee bearb. und hg. von Heinrich Otto Meisner, Bd. 1, Stuttgart 1922, S. 100; Moritz Busch, Bis-

marck: Some Secret Pages of his History, Being a Diary Kept by Dr. Moritz Busch During Twenty-Five Years' Official and Private Intercourse With the Great Chancellor, Reprinted From the Edition of 1898, Bd. 1, New York/NY 1970, S. 273; Michael Howard, The Franco-Prussian War: The German Invasion of France 1870–1871, 2. Aufl. New York 2001, S. 380.

23 Helmuth von Moltke, Rede im Reichstag, 14. Mai 1890, in: Stumpf (Hg.), Kriegstheorie und Kriegsgeschichte, S. 504–507, hier: S. 504–505.

24 Ebd. S. 505–506.

25 Leonhard, Büchse der Pandora, S. 127–163.

26 Thomas Nipperdey, Deutsche Geschichte 1866–1918, Bd. 2: Machtstaat vor der Demokratie, München 1992, S. 759; Rolf Spilker und Bernd Ulrich (Hg.), Der Tod als Maschinist. Der industrialisierte Krieg 1914–1918, Bramsche 1998, S. 274; Max Heubes (Hg.), Ehrenbuch der Deutschen Eisenbahner, Berlin 1930, S. 8, zitiert nach: Lothar Gall, Eisenbahn in Deutschland: Von den Anfängen bis zum Ersten Weltkrieg, in: Ders. und Manfred Pohl (Hg.), Die Eisenbahn in Deutschland. Von den Anfängen bis zur Gegenwart, München 1999, S. 13–70, hier: S. 69.

27 Stig Förster, Im Reich des Absurden: Die Ursachen des Ersten Weltkrieges, in: Bernd Wegener (Hg.), Wie Kriege entstehen. Zum historischen Hintergrund von Staatenkonflikten, Paderborn 2000, S. 217–252, hier: S. 248–250; Ders., Vorgeschichte und Ursachen des Ersten Weltkrieges, in: Rainer Rother (Hg.), Der Weltkrieg 1914–1918. Ereignis und Erinnerung, Berlin 2004, S. 34–41, hier: S. 41.

28 Leonhard, Büchse der Pandora, S. 254–264.

29 Brief von Anna an Lorenz Treplin, 3. September 1916, in: Heilwig Gudehus-Schomerus, Marie-Luise Recker und Marcus Riverein (Hg.), «Einmal muss doch das wirkliche Leben wieder kommen!» Die Kriegsbriefe von Anna und Lorenz Treplin 1914–1918, Paderborn 2010, S. 37; Leonhard, Büchse der Pandora, S. 783–784.

30 Paul Fussell, The Great War and Modern Memory (1975). With a New Introduction by Jay Winter, Oxford 2013, S. 7; James J. Sheehan, Kontinent der Gewalt. Europas langer Weg zum Frieden (engl.: 2008), München 2008, S. 97; Leonhard, Büchse der Pandora, S. 254.

31 Samuel Vuchinich und Jay Teachman, Influences on the Duration of Wars, Strikes, Riots, and Family Arguments, in: Journal of Conflict Resolution 37/3 (1993), S. 544–568; Scott Bennett und Allan Stam, The Duration of Interstate Wars, 1816–1985, in: American Political Science Review 90/2 (1996), S. 239–257; James Fearon, Why Do Some Civil Wars Last So Much Longer than Others?, in: Journal of Peace Research 41/3 (2004), S. 275–301; José Montalvo und Marta Reynal-Querol, Ethnic Polarization and the Duration of Civil Wars, in: World Bank Policy Research Working Paper 4192 (2007); Catherine Langlois und Jean-Pierre Langlois, Does Attrition Behavior Help Explain the Duration of In-

terstate Wars? A Game Theoretic and Empirical Analysis, in: International Studies Quarterly 53/4 (2009), S. 1051–1073.

32 Carl von Clausewitz, Vom Kriege. Hinterlassenes Werk des Generals Carl von Clausewitz (Erstdruck: Berlin 1832/34), in: Stumpf (Hg.), Kriegstheorie und Kriegsgeschichte, S. 9–423, hier: S. 62–63.

33 Leonhard, Gespenst des Imperialen.

III. Die Suche nach dem richtigen Ausgang

1 Alfred Heuß, Römische Geschichte, 10. Aufl., Paderborn 2007, S. 67–98; Klaus Zimmermann, Rom und Karthago, Darmstadt 2005, S. 1–19 und 143–144; Wilhelm Hoffmann, Die römische Politik des 2. Jahrhunderts und das Ende Karthagos, in: Historia 9 (1960), S. 309–344; Polybios, Geschichte. Gesamtausgabe eingeleitet und übertragen von Hans Drexler, Bd. 1, 2. Aufl. München 1978, 36, 9, 9–17.

2 Eoghan P. Moloney und Michael Stuart Williams, Peace and Reconciliation in the Classical World, London 2017.

3 «Nikias», in: Konrad Ziegler und Walther Sontheimer (Hg.), Der Kleine Pauly. Lexikon der Antike. Auf der Grundlage von Pauly's Realencyclopädie der classischen Altertumswissenschaft unter Mitwirkung zahlreicher Fachgelehrter, Bd. 4, München 1979, Sp. 103–104; Donald Kagan, The Peace of Nicias and the Sicilian Expedition, Ithaca/NY 1981.

4 Thukydides, Der Peloponnesische Krieg. Griechisch-Deutsch, übersetzt von Michael Weißenberger, mit einer Einleitung von Antonios Rengakos, Berlin 2017, 5, 16–24.

5 John K. Davies, Das klassische Griechenland und die Demokratie, 3. Aufl. München 1986, S. 151–161.

6 Hundt, Frieden und internationale Ordnung, S. 137–139; Michael Hackner, Der Friede von Lunéville – Zum 200. Jahrestag des ersten Schritts zum Untergang des Heiligen Römischen Reichs Deutscher Nation, in: Juristische Arbeitsblätter 33 (2001), S. 813–820; Peter Hersche (Hg.), Napoleonische Friedensverträge. Campo Formio 1797 – Lunéville 1801 – Amiens 1802 – Preßburg 1805 – Tilsit 1807 – Wien-Schönbrunn 1809, 2. Aufl. Bern 1973.

7 Hundt, Frieden und internationale Ordnung, S. 139–140.

8 Ebd., S. 139.

9 Zitiert nach: Jean Tulard, Napoleon oder der Mythos des Retters. Eine Biographie, Tübingen 1978, S. 202; Hundt, Frieden und internationale Ordnung, S. 142; Jörn Leonhard, Ein bonapartistisches Modell? Die französischen Regimewechsel von 1799, 1851 und 1940 im Vergleich, in: Helmut Knüppel, Manfred Osten, Uwe Rosenbaum, Julius H. Schoeps und Peter Steinbach (Hg.), Wege und Spuren. Verbindungen zwischen Bildung, Wissenschaft, Kultur, Geschichte und Politik. Festschrift für Joachim-Felix Leonhard, Berlin 2007, S. 277–294.

10 Zitiert nach: Luigi Salvatorelli, Napoleon und Europa, in: Heinz-Otto Sieburg (Hg.), Napoleon und Europa, Köln 1971, S. 171–200, hier: S. 171; Hundt, Frieden und internationale Ordnung, S. 142.

11 Clive Emsley, Napoleonic Europe, Abingdon 2014; Charles J. Esdaile, Napoleon's Wars: An International History, 1803–1815, New York/NY 2007, S. 110–153; John D. Grainger, The Amiens Truce: Britain and Bonaparte, 1801–1803, Martlesham 2004; Frederick W. Kagan, The End of the Old Order: Napoleon and Europe 1801–1805, Cambridge/MA 2006, S. 11–50; Carl Ludwig Lokke, Secret Negotiations to Maintain the Peace of Amiens, in: American Historical Review 49/1 (1943), S. 55–64; Tom Pocock, The Terror before Trafalgar: Nelson, Napoleon, and the Secret War, Annapolis/MD 2005; Frederick C. Schneid, Napoleon's Conquest of Europe. The War of the Third Coalition, Westport/CT 2005; Paul W. Schroeder, The Transformation of European Politics, 1763–1848, Oxford 1994.

12 Hundt, Frieden und internationale Ordnung, S. 143–144.

13 Roger Dufraisse, Napoleon. Revolutionär und Monarch. Eine Biographie, München 1994, S. 100–118; Hundt, Frieden und internationale Ordnung, S. 144.

14 Pieter M. Judson, Habsburg. Geschichte eines Imperiums 1740–1918 (engl.: 2016), München 2017, S. 332–334.

15 Kolb, Der schwierige Weg zum Frieden, S. 77–79; Gall, Bismarck, S. 451–455.

16 Leonhard, Büchse der Pandora, S. 801–805; Ders., Der überforderte Frieden, S. 32–69.

17 Wolfgang Steglich, Bündnissicherung oder Verständigungsfrieden. Untersuchungen zu dem Friedensangebot der Mittelmächte vom 12. Dezember 1916, Göttingen 1958.

18 Leonhard, Der überforderte Frieden, S. 55–56.

19 Kaiser Karl I., Der Sixtus-Brief, 24. März 1917, in: Walter Kleinadel (Hg.), Österreich. Daten zur Geschichte und Kultur, Wien 1978, S. 307.

20 Der Große Krieg. Eine Chronik von Tag zu Tag. Urkunden, Depeschen und Berichte aus der Frankfurter Zeitung, Frankfurt/M. 1914–1918, zitiert nach: Ernst Johann (Hg.), Innenansicht eines Krieges. Bilder – Briefe – Dokumente, Frankfurt/M. 1968, S. 270–271.

21 Leonhard, Der überforderte Frieden, S. 57–61.

22 David Stevenson, The First World War and International Politics, Oxford 1988, S. 162–169.

23 Leonhard, Der überforderte Frieden, S. 62–64; Hubert Wolf, Der Papst als Mediator? Die Friedensinitiative Benedikts XV. von 1917 und Nuntius Pacelli, in: Althoff (Hg.), Frieden stiften, S. 167–220; John Francis Pollard, The Unknown Pope. Benedict XV (1914–1922) and the Pursuit of Peace, London 1999, S. 123–127.

24 Ebd., S. 132–136.

25 Leonhard, Der überforderte Frieden, S. 63–69.

26 Alexander Rabinowitch, The Bolshewiks in Power. The First Year of Soviet Rule in Petrograd, Bloomington/IN 2007, S. 181–209.
27 Bernd Martin, Friedensinitiativen und Machtpolitik im Zweiten Weltkrieg 1939–1942, Düsseldorf 1974; Ders., Das «Dritte Reich» und die «Friedens»-Frage im Zweiten Weltkrieg, in: Wolfgang Michalka (Hg.), Nationalsozialistische Außenpolitik, Darmstadt 1978, S. 526–549.
28 Horst Möller, Europa zwischen den Weltkriegen, München 1998, S. 191–198.
29 Sheehan, Kontinent der Gewalt, S. 145–151.
30 Zitiert nach: Eugen Weber, The Hollow Years: France in the 1930s, New York/NY 1994, S. 19; Sheehan, Kontinent der Gewalt, S. 146.
31 Zitiert nach: Wolfgang Michalka, Deutsche Geschichte 1933–1945: Dokumente zur Innen- und Außenpolitik, Frankfurt/M. 2002, S. 140; Sheehan, Kontinent der Gewalt, S. 147.
32 Zitiert nach: Raymond J. Sontag, A Broken World, 1919–1939, New York/NY 1971, S. 316; Sheehan, Kontinent der Gewalt, S. 146–147.
33 Ebd., S. 149.

IV. Das lange Ende

1 Henry W. Miller, Die Paris-Geschütze. Die Beschießung von Paris durch deutsche weittragende Geschütze und die deutschen Offensiven des Jahres 1918, Berlin 1936, S. 58–59.
2 Leonhard, Büchse der Pandora, S. 862–864.
3 Peter Englund, Schönheit und Schrecken. Eine Geschichte des Ersten Weltkriegs, erzählt in neunzehn Schicksalen, Berlin 2011, S. 553–554.
4 Leonhard, Der überforderte Frieden, S. 380–382.
5 Zitiert nach: Michel Winock, Clemenceau, Paris 2007, S. 431; Leonhard, Büchse der Pandora, S. 864.
6 Ders., Der überforderte Frieden, S. 60–61.
7 Max Weber, Gesamtausgabe, Abt. II, Briefe, Bd. 9: Briefe 1915–1917, hg. von Gerd Krumeich und Mario Rainer Lepsius, Tübingen 2008, S. 695–696; Wolfgang J. Mommsen, Max Weber und die deutsche Politik 1890–1920 (1959), 3. Aufl. Tübingen 2004, S. 278–280.
8 Leonhard, Der überforderte Frieden, S. 63–69.
9 Zitiert nach: Manfred Nebelin, Ludendorff. Diktator im Ersten Weltkrieg, München 2010, S. 404; Leonhard, Büchse der Pandora, S. 804–805.
10 Ders., Der überforderte Frieden, S. 68–69.
11 Sebastian Haffner, Geschichte eines Deutschen. Die Erinnerungen 1914–1933 (1939), 8. Aufl. Stuttgart 2001, S. 25–26; Leonhard, Büchse der Pandora, S. 855.
12 Ebd., S. 827–855.
13 Afflerbach, Kunst der Niederlage, S. 218 und 232.

14 Sheehan, Kontinent der Gewalt, S. 98.

15 Frey, Friedenssuche und Konfliktlösung, S. 296–297; Jeffrey Kimball, How Wars End. The Vietnam War, in: Peace & Change 20 (1995), S. 183–202, hier: S. 190–191; Martin Großheim, Der lange Weg zum Frieden. Das Pariser Vietnam-Abkommen von 1973, in: Geschichte in Wissenschaft und Unterricht 70 (2019), S. 308–325.

16 Marc Frey, Geschichte des Vietnamkriegs. Die Tragödie in Asien und das Ende des amerikanischen Traums, 11. Aufl. München 2022, S. 147–150.

17 Zitiert nach: Bernd Greiner, Henry Kissinger. Wächter des Imperiums. Eine Biographie, München 2020, S. 92.

18 Ebd.

19 Frey, Geschichte des Vietnamkriegs, S. 187–196.

20 Zitiert nach: Harry Robbins Haldeman (mit Joseph DiMona), The Ends of Power, New York/NY 1978, S. 96; Greiner, Henry Kissinger, S. 156–157.

21 Frey, Geschichte des Vietnamkriegs, S. 196–198.

22 Zitiert nach: Greiner, Henry Kissinger, S. 153.

23 Frey, Geschichte des Vietnamkriegs, S. 206–207.

24 Zitiert nach: Greiner, Henry Kissinger, S. 161.

25 Ebd., S. 231 und 233.

26 Henry Kissinger, Memoiren 1968–1973, München 1979, S. 1484; Frey, Geschichte des Vietnamkriegs, S. 210.

27 Zitiert nach: Richard Nixon, The Memoirs of Richard Nixon, New York/NY 1978, S. 734; Frey, Geschichte des Vietnamkriegs, S. 211.

28 Zitiert nach: Walter Isaacson, Kissinger. Eine Biographie, Berlin 1993, S. 537; Frey, Geschichte des Vietnamkriegs, S. 212–213.

V. Planung und Prognose

1 Zamoyski, Napoleons Feldzug, S. 119 und 103.

2 Napoléon Bonaparte, Correspondance de Napoléon Ier, Bd. 23, Paris 1868, S. 143; Zamoyski, Napoleons Feldzug, S. 117.

3 Ebd., S. 117–118.

4 Ebd., S. 118.

5 Leonhard, Büchse der Pandora, S. 205–221 und 784–796; Stefan Kaufmann, Kommunikationstechnik und Kriegführung 1815–1945. Stufen telemedialer Rüstung, München 1996.

6 Alex J. Bellamy, Reconsidering Rambouillet, in: Contemporary Security Policy 22/1 (2001), S. 31–56.

7 Pnina Lahav, The Suez Crisis of 1956 and Its Aftermath: A Comparative Study of Constitutions, Use of Force, Diplomacy and International Relations, in: Boston University Law Review 95/4 (2015), S. 1297–1354.

8 Keith Kyle, Suez: Britain's End of Empire in the Middle East, London 2011, S. 533;

David R. Thorpe, Eden. The Life and Times of Anthony Eden, First Earl of Avon, 1897–1977, London 2003, S. 531–600.

9 Leonhard, Büchse der Pandora, S. 371–373.

10 Gerd Hardach, Der Erste Weltkrieg, München 1973, S. 20–35; Carsten Burhop, Wirtschaftsgeschichte des Kaiserreichs 1871–1918, Göttingen 2011, S. 196–197.

11 Leonhard, Büchse der Pandora, S. 220–221 und 734–735.

12 Dan van der Vat, The Ship That Changed the World: The Escape of the Goeben to the Dardanelles in 1914, London 1985, S. 183–202; Bernd Langensiepen, Dirk Nottelmann und Jochen Krüsmann, Halbmond und Kaiseradler: Goeben und Breslau am Bosporus, 1914–1918, Hamburg 1999, S. 9–28.

13 Reinhard Nachtigal, Die Murmanbahn: Die Verkehrsanbindung eines kriegswichtigen Hafens und das Arbeitspotential der Kriegsgefangenen (1915 bis 1918), Grunbach 2001, S. 126–127.

14 Barbara W. Tuchman, August 1914 (engl.: 1962), 3. Aufl. Frankfurt/M. 2007, S. 151–174; Karl-Volker Neugebauer, Die Urkatastrophe des 20. Jahrhunderts. Der Erste Weltkrieg 1914 bis 1918, in: Ders. (Hg.), Grundkurs deutsche Militärgeschichte, Bd. 2: Das Zeitalter der Weltkriege 1914 bis 1945. Völker in Waffen, 2. Aufl. München 2009, S. 1–85, hier: S. 62.

15 Ronald Park Bobroff, Roads to Glory. Late Imperial Russia and the Turkish Straits, London 2006, S. 150–151; Leonhard, Büchse der Pandora, S. 160–162.

16 Ebd., S. 784–796.

17 Zitiert nach: David Michael Kennedy, Over Here. The First World War and American Society, New York/NY 1980, S. 319.

18 Leonhard, Büchse der Pandora, S. 793–794.

19 David Traxel, Crusader Nation. The United States in Peace and War and the Great War, 1898–1920, New York/NY 2006, S. 147–148.

20 Kennedy, Over Here, S. 332–335.

21 Lawrence Sondhaus, World War One. The Global Revolution, Cambridge 2011, S. 438–439; Leonhard, Büchse der Pandora, S. 828–829.

22 Sheehan, Kontinent der Gewalt, S. 158–159, 160–161 und 163.

23 Ebd., 158–159; Gerhard P. Groß, Das Dogma der Beweglichkeit. Überlegungen zur Genese der deutschen Heerestaktik im Zeitalter der Weltkriege, in: Bruno Thoß und Hans-Erich Volkmann (Hg.), Erster Weltkrieg, Zweiter Weltkrieg. Ein Vergleich. Krieg, Kriegserlebnis, Kriegserfahrung in Deutschland, Paderborn 2002, S. 143–166, hier: S. 159–165.

24 Winston S. Churchill, Der Zweite Weltkrieg (engl.: 1948). Mit einem Epilog über die Nachkriegsjahre, Bern 1985, S. 566–567; Sheehan, Kontinent der Gewalt, S. 159.

25 Ebd., S. 160.

26 Klaus Gestwa und Kerstin von Lingen (Hg.), Zwangsarbeit als Kriegsressource in Europa und Asien, Paderborn 2014.

27 Ulrich Herbert, Das Dritte Reich. Geschichte einer Diktatur, München 2016, S. 71–73 und 82–85.
28 Zitiert nach: Ebd., S. 113.
29 Jan Pieter Barbian, Die schwierige Suche nach einem Vorbild. Hermann Stresau und der bibliothekarische Berufsstand im NS-Staat, in: BuB. Forum Bibliothek und Information 63/5 (2011), S. 367–379; Ders., Literaturpolitik im NS-Staat. Von der ‹Gleichschaltung› bis zum Ruin, Frankfurt/M. 2010, S. 433–435.
30 Hermann Stresau, Als lebe man nur unter Vorbehalt. Tagebücher aus den Kriegsjahren 1939–1945, hg. und kommentiert von Peter Graf und Ulrich Faure, Stuttgart 2021, S. 428.
31 Ebd., S. 476.

VI. Verlängerte Waffenstillstände

1 Frey, Friedenssuche und Konfliktlösung, S. 281–282.
2 Ders., Geschichte des Vietnamkriegs, S. 215–221.
3 Churchill, Der Zweite Weltkrieg, S. 17; Leonhard, Der überforderte Frieden, S. 1260.
4 Rudolf Laun, Die Haager Landkriegsordnung. Textausgabe mit Einführung, 5. Aufl. Hannover 1950; Deutsches Rotes Kreuz (Hg.), Die Genfer Rotkreuz-Abkommen vom 12. August 1949 und die beiden Zusatzprotokolle vom 10. Juni 1977 sowie das Abkommen betreffend die Gesetze und Gebräuche des Landkrieges vom 18. Oktober 1907 und Anlage (Haager Landkriegsordnung), 8. Aufl. Bonn 1988.
5 Leonhard, Der überforderte Frieden, S. 663–664.
6 Max Weber, Brief an Erich Trummler, 17. Januar 1918, in: Max Weber, Gesamtausgabe, Abt. II, Briefe, Bd. 10: Briefe 1918–1920, hg. von Gerd Krumeich und M. Rainer Lepsius, 1. Halbbd., Tübingen 2012, S. 67; Leonhard, Der überforderte Frieden, S. 143–144.
7 Ebd., S. 216–286.
8 Klaus Schwabe, Einleitung, in: Ders. (Hg.), Quellen zum Friedensschluß von Versailles. Unter Mitarbeit von Tilman Stieve und Albert Diegmann, Darmstadt 1997, S. 1–38, hier: S. 6.
9 Leonhard, Der überforderte Frieden, S. 283–284.
10 Walter Rathenau, Ein dunkler Tag, in: Vossische Zeitung, 7. Oktober 1918, Morgenausgabe.
11 Leonhard, Der überforderte Frieden, S. 663–665.
12 David Reynolds, Summits. Six Meetings That Shaped the Twentieth Century, London 2008, S. 30–32; Ferdinand Czernin, Die Friedensstifter. Männer und Mächte um den Versailler Vertrag, Bern 1968, S. 10–12; Marcus Payk, Frieden durch Recht? Der Aufstieg des modernen Völkerrechts und der Friedensschluss nach dem Ersten Weltkrieg, Berlin 2018, S. 358–366.

13 Harold Nicolson, Friedensmacher 1919 (engl.: 1933), 6. Aufl. Berlin 1934, S. 97–98.

14 Gerhard Schulz, Revolutionen und Friedensschlüsse 1917–1920, Lausanne 1969, S. 200.

15 Nicolson, Friedensmacher, S. 99–101; Czernin, Friedensstifter, S. 87–88; Leonhard, Der überforderte Frieden, S. 663–665.

16 Jost Dülffer, Frieden nach dem Zweiten Weltkrieg? Friedensschluss im Zeichen des Kalten Krieges, in: Wegner (Hg.), Wie Kriege enden, S. 213–238.

17 Hermann Mosler, Kriegsende, in: Karl Strupp und Hans-Jürgen Schlochauer (Hg.), Wörterbuch des Völkerrechts, Bd. 2, 2. Aufl. Berlin 1961, S. 333–337; Dieter Blumenwitz, Die Grundlagen eines Friedensvertrages mit Deutschland. Ein völkerrechtlicher Beitrag zur künftigen Deutschlandpolitik, Berlin 1966; Andreas Zimmer, Friedensverträge im Völkerrecht, Koblenz 1989.

18 Hans von Hentig, Der Friedensschluss. Geist und Technik einer verlorenen Kunst, Stuttgart 1952, S. 272; Dülffer, Frieden nach dem Zweiten Weltkrieg, S. 215–216.

19 Hans Jürgen Küsters, Der Integrationsfriede. Viermächteverhandlungen über die Friedensregelungen mit Deutschland 1945–1990, München 2000.

20 Bernd Stöver, Geschichte des Koreakriegs. Schlachtfeld der Supermächte und ungelöster Konflikt, 4. Aufl. München 2021, S. 118–130.

21 James F. Schnabel, Policy and Direction. The First Year. United States Army in the Korean War, Washington/DC 1972, S. 333–339 und 354–359.

22 Stöver, Geschichte des Koreakriegs, S. 94–99.

23 Ebd., S. 122.

24 Ebd., S. 118–119.

25 Michael Gordon Jackson, Beyond Brinkmanship. Eisenhower, Nuclear War Fighting, and Korea, 1953–1968, in: Presidential Studies Quarterly 35/1 (2005), S. 52–75.

26 Stöver, Geschichte des Koreakriegs, S. 126–127.

27 Jeffrey Kimball, The Panmunjom and Paris Armistices. Patterns of War Termination, in: Andreas W. Daum (Hg.), America, the Vietnam War, and the World. Comparative and International Perspectives, Cambridge 2003, S. 105–122.

28 Stöver, Geschichte des Koreakriegs, S. 118–130.

29 Ebd., S. 202–204.

30 Gerd Hankel, Friedenskonferenzen/Friedensverträge, in: Hans-Joachim Gießmann und Bernhard Rinke (Hg.), Handbuch Frieden, Wiesbaden 2011, S. 171–179.

31 Kerstin von Lingen, «Crimes against Humanity»: Eine Ideengeschichte der Zivilisierung von Kriegsgewalt 1864–1945, Paderborn 2018.

32 Sydney D. Bailey, How Wars End. The United Nations and the Termination of Armed Conflict 1946–64, Oxford 1982.

33 Tanisha M. Fazal, The Demise of Peace Treaties in Interstate War, in: Internatio-

nal Organization 67/4 (2013), S. 695–724; Dies., The Fall and Rise of Peace Treaties, in: American Journal of International Law 108 (2014), S. 46–51.

34 Ebd., S. 49–50.

VII. Die Ambivalenz der Zeichen

1 Die Feldzüge von 1806 und 1807. In einer Historisch – politisch – militairischen Darstellung. Nebst den offiziellen Aktenstücken, Zweiter Teil, o. O. 1809, S. 92–94; Emil Knaake, Die Monarchenzusammenkünfte zu Tilsit im Juni und Juli 1807, in: Altpreußische Forschungen 6 (1929), S. 256–278.

2 Ilja Mieck, Die Rettung Preußens? Napoleon und Alexander I. in Tilsit 1807, in: Ders. und Pierre Guillen (Hg.), Deutschland – Frankreich – Russland. Begegnungen und Konfrontation. La France et l'Allemagne face à la Russie, München 2000, S. 15–35; Sven Prietzel, Friedensvollziehung und Souveränitätswahrung. Preußen und die Folgen des Tilsiter Friedens 1807–1810, Berlin 2020.

3 Philipp Demandt, Luisenkult. Die Unsterblichkeit der Königin von Preußen, Köln 2003; Birte Förster, Der Königin Luise-Mythos. Mediengeschichte des «Idealbilds deutscher Weiblichkeit», 1860–1960, Göttingen 2011, S. 39–51; Hagen Schulze, Napoleon, in: Étienne François und Hagen Schulze (Hg.), Deutsche Erinnerungsorte, Bd. 2, München 2001, S. 28–46, hier: S. 31–35.

4 Johannes Paulmann, Pomp und Politik. Monarchenbegegnungen in Europa zwischen Ancien Régime und Erstem Weltkrieg, Paderborn 2000, S. 141.

5 Jörn Leonhard, Von Versailles nach Versailles: Kontinuität und Umbruch zwischen der Reichsgründung 1871 und dem Weltkriegsende 1918/19, in: Holger Afflerbach und Ulrich Lappenküper (Hg.), 1918 – das Ende des Bismarck-Reiches?, Paderborn 2021, S. 15–40.

6 Zitiert nach: Hagen Schulze, Versailles, in: François und Schulze (Hg.), Deutsche Erinnerungsorte, Bd. 1, S. 407–421, hier: S. 411.

7 Zitiert nach: Jean-Claude Allain, Das Schloß von Versailles, in: Horst Möller und Jacques Morizet (Hg.), Franzosen und Deutsche. Orte der gemeinsamen Geschichte, München 1996, S. 59–77, hier: S. 65.

8 Raymond Poincaré, Rede zur Eröffnung der Pariser Friedenskonferenz, in: Schulthess' Europäischer Geschichtskalender, hg. von Wilhelm Strobel, Bd. 60/2, München 1923, S. 453–457, hier: S. 457; Leonhard, Der überforderte Frieden, S. 662.

9 Stéphane Audoin-Rouzeau, Die Delegation der ‹Gueules cassées› in Versailles am 28. Juni 1919, in: Gerd Krumeich (Hg.), Versailles 1919. Ziele – Wirkung – Wahrnehmung, Essen 2001, S. 280–287; Verena Steller, Diplomatie von Angesicht zu Angesicht. Diplomatische Handlungsformen in den deutsch-französischen Beziehungen, Paderborn 2011, S. 464–465; Leonhard, Der überforderte Frieden, S. 1032–1034.

10 Fisch, Krieg und Frieden im Friedensvertrag, S. 92–123.

11 Leonhard, Der überforderte Frieden, S. 612.

12 Niels Albrecht, Die Macht einer Verleumdungskampagne. Antidemokratische Agitationen der Presse und Justiz gegen die Weimarer Republik und ihren ersten Reichspräsidenten Friedrich Ebert vom «Badebild» bis zum Magdeburger Prozess, Dissertation, Bremen 2002, S. 45–88; Bernhard Fulda, Die Politik der ‹Unpolitischen›. Boulevard und Massenpresse in den zwanziger und dreißiger Jahren, in: Frank Bösch und Norbert Frei (Hg.), Medialisierung und Demokratie im 20. Jahrhundert, Göttingen 2006, S. 32–56; Walter Mühlhausen, Die Weimarer Republik entblößt. Das Badehosen-Foto von Friedrich Ebert und Gustav Noske, in: Gerhard Paul (Hg.), Das Jahrhundert der Bilder, Bd. 1: 1900–1949, Göttingen 2009, S. 236–243, hier: S. 242; Leonhard, Der überforderte Frieden, S. 1213–1214.

13 Joachim Fest, Hitler. Eine Biographie (1973), 10. Aufl. Frankfurt/M. 1981, S. 866–869; Ian Kershaw, Hitler 1936–1945 (engl.: 2000), 4. Aufl. Stuttgart 2000, S. 403–405.

14 Ernst Nolte, Der Faschismus in seiner Epoche. Die Action Française, der italienische Faschismus, der Nationalsozialismus, München 1963, S. 435; Marlis Steinert, Hitlers Krieg und die Deutschen, Düsseldorf 1970, S. 136–137; Brief Friedrich Meineckes an Siegfried August Kaehler vom 4. Juli 1940, in: Friedrich Meinecke, Ausgewählter Briefwechsel, hg. von Ludwig Dehio und Peter Classen, Stuttgart 1962, S. 364; Fest, Hitler, S. 868; Leonhard, Der überforderte Frieden, S. 218–221.

15 Wolfram Siemann, Metternich. Stratege und Visionär. Eine Biographie, München 2016, S. 440–502.

16 Heinz Duchhardt, Der Wiener Kongress. Die Neugestaltung Europas 1814/15, München 2013, S. 33–62.

17 Johannes Willms, Talleyrand. Virtuose der Macht 1754–1838, München 2011, S. 226–233.

18 Duchhardt, Wiener Kongress, S. 70–80; Thierry Lentz, 1815. Der Wiener Kongresss und die Neuordnung Europas, München 2014, S. 147–176; Thomas Olechowski, Brigitte Mazohl, Karin Schneider und Reinhard Stauber (Hg.), Der Wiener Kongress 1814/15, Bd. 2: Politische Kultur, Wien 2019.

19 Jay Winik, April 1865: The Month That Saved America, New York/NY 2006, S. 191.

20 Abraham Lincoln, River Queen Doctrine, zitiert nach: Afflerbach, Kunst der Niederlage, S. 182.

21 Oliver Auge, Ulrich Lappenküper und Ulf Morgenstern (Hg.), Der Wiener Frieden 1864: Ein deutsches, europäisches und globales Ereignis, Paderborn 2016.

22 Brief Bismarcks an Johanna, 9. Juli 1866, in: Otto von Bismarck, Die gesammelten Werke. Friedrichsruher Ausgabe, 15 in 19 Bdn., Berlin 1924–35, hier: Bd. 14, S. 717; Gall, Bismarck, S. 368.

23 Thomas Mann, Tagebücher 1944–1.4.1946, hg. von Inge Jens, Frankfurt/M. 1986, S. 200.

24 Zitiert nach: Volker Ullrich, Acht Tage im Mai. Die letzte Woche des Dritten Reiches, 2. Aufl. München 2020, S. 199–200 und 218–219.

25 Leon V. Sigal, Fighting to a Finish. The Politics of War Termination in the United States and Japan, 1945, Ithaca/NY 1988.

26 Paul Stillwell, Battleship Missouri. An Illustrated History, Annapolis/MD 1996, S. 50–51 und 53–57.

27 Wolfgang Schwentker, Geschichte Japans, München 2022, S. 785–786.

28 Leonhard, Büchse der Pandora, S. 125–126; Ders., Der überforderte Frieden, S. 1048–1049.

29 Niklas Luhmann, Vertrauen. Ein Mechanismus der Reduktion sozialer Komplexität, 2. Aufl. Stuttgart 1989, S. 1–8; Adam B. Seligman, The Problem of Trust, Princeton/NJ 2000, S. 169–175; Ute Frevert, Vertrauen – eine historische Spurensuche, in: Dies. (Hg.), Vertrauen. Historische Annäherungen, Göttingen 2003, S. 7–66; Anthony Giddens, Konsequenzen der Moderne, Frankfurt/M. 1995, S. 48; Martin Hartmann, Einleitung, in: Ders. (Hg.), Vertrauen: Die Grundlage des sozialen Zusammenhalts, Frankfurt/M. 2001, S. 7–34, hier: S. 15.

30 Niklas Luhmann, Soziale Systeme. Grundriss einer allgemeinen Theorie, Frankfurt/M. 1984, S. 560–573; Ders., Die Gesellschaft der Gesellschaft, Bd. 1, Frankfurt/M. 1998, S. 814–816.

VIII. Fallhöhe und Desillusionierung

1 Leonhard, Der überforderte Frieden, S. 1254–1255.

2 Zitiert nach: Mary Gluck, Georg Lukács and His Generation, 1900–1918, Cambridge/MA 1985, S. 11; Jan-Werner Müller, Das demokratische Zeitalter. Eine politische Ideengeschichte Europas im 20. Jahrhundert (engl. 2011), Berlin 2013, S. 85; Leonhard, Der überforderte Frieden, S. 644–645.

3 Woodrow Wilson, An Address in the Coliseum in Sioux Falls, 8. September 1919, in: The Papers of Woodrow Wilson, hg. von Arthur S. Link, 69 Bde., Princeton/NJ 1966–1994, hier: Bd. 63, S. 107–117, hier: S. 113.

4 Zitiert nach: Keith Jeffery, Ireland and the Great War, Cambridge 2000, S. 65; William Mulligan, The Great War for Peace, New Haven/CT 2014, S. 302; Leonhard, Der überforderte Frieden, S. 1254–1255.

5 Thomas Olechowski, Brigitte Mazohl, Karin Schneider und Reinhard Stauber (Hg.), Der Wiener Kongress 1814/15, Bd. 1: Internationale Politik, Wien 2019.

6 Österreichischer Beobachter, 12. Juni 1815, S. 889–890; Golo Mann, Friedrich von Gentz. Geschichte eines europäischen Staatsmannes, Zürich 1947; Kissinger, Gleichgewicht der Großmächte, S. 274–334; Hundt, Frieden und internationale Ordnung, S. 158.

7 Duchhardt, Wiener Kongress, S. 118–120; Dülffer, Versailles und die Friedensschlüsse, S. 165–166.

8 Siemann, Metternich, S. 674–735.

9 Schulze, Napoleon, S. 37.

10 Duchhardt, Wiener Kongress, S. 119–120.

11 Wolfram Pyta (Hg.), Das europäische Mächtekonzert. Friedens- und Sicherheitspolitik vom Wiener Kongress 1815 bis zum Krimkrieg 1853, Köln 2009; Glenda Sluga, The Invention of International Order. Remaking Europe after Napoleon, Princeton/NJ 2021.

12 Dülffer, Versailles und die Friedensschlüsse, S. 166 und 171.

13 Dieter Langewiesche, Kongress-Europa in globalhistorischer Perspektive, in: Zeitschrift für Weltgeschichte 16 (2015), S. 11–30.

14 Winfried Baumgart, Der Friede von Paris 1856. Studien zum Verhältnis von Kriegführung, Politik und Friedensbewahrung, München 1972.

15 Charles Webster, The Congress of Vienna 1814–1815, London 1918.

16 Jörn Leonhard, Der überforderte Frieden. Selbstbestimmung zwischen Erwartung und Erfahrung seit 1917/18, in: Oliver Jens Schmitt und Reinhard Stauber (Hg.), Frieden durch Volksabstimmungen?, Wien 2022, S. 37–78.

17 Nicolson, Friedensmacher, S. 76–79; Czernin, Friedensstifter, S. 84; Leonhard, Der überforderte Frieden, S. 652–653.

18 Ebd., S. 1261–1277.

19 Manfred Berg, Woodrow Wilson. Amerika und die Neuordnung der Welt, München 2017, S. 163; Eberhard Kolb, Der Frieden von Versailles, 2. Aufl. München 2011, S. 49–53; Margaret MacMillan, Die Friedensmacher. Wie der Versailler Vertrag die Welt veränderte (engl.: 2001), Berlin 2015, S. 533.

20 Leonhard, Der überforderte Frieden, S. 655.

21 George Creel, The War, the World and Wilson, New York/NY 1920, S. 161–162; Erez Manela, Dawn of a New Era. The ‹Wilsonian Moment› in Colonial Contexts and the Transformation of World Order, 1917–1920, in: Sebastian Conrad und Dominic Sachsenmaier (Hg.), Competing Visions of World Order. Global Moments and Movements, 1880s–1930s, Basingstoke 2007, S. 121–150; Leonhard, Der überforderte Frieden, S. 937.

22 Ebd., S. 1188.

23 Jörn Leonhard, Zentrum der Welt, in: Frankfurter Allgemeine Zeitung 173, 29. Juli 2019.

24 Ders., 1917–1920 and the Global Revolution of Rising Expectations, in: Stefan Rinke and Michael Wildt (Hg.), Revolutions and Counter-Revolutions. 1917 and Its Aftermath from a Global Perspective, Frankfurt/M. 2017, S. 31–51.

25 Leonhard, Der überforderte Frieden, S. 864–944 und 1265–1266.

26 Langewiesche, Kongress-Europa, S. 11–30.

27 Leonhard, Der überforderte Frieden, S. 532–533.

28 Ebd., S. 930–931.

29 Reinhard Stauber, Innerstaatliche Ordnung und internationales System auf dem Wiener Kongress 1814/15, in: Der Staat, Beiheft 23: Verfassung und Völkerrecht in der Verfassungsgeschichte. Interdependenzen zwischen internationaler Ordnung und Verfassungsordnung, hg. von Gabriele Schneider und Thomas Simon, Berlin 2016, S. 79–99; Leonhard, Der überforderte Frieden, S. 1266.

30 Zitiert nach: Erez Manela, The Wilsonian Moment. Self Determination and the International Origins of Anti-Colonial Nationalism, Oxford 2007, S. 215; Jörn Leonhard, The End of Empires and the Triumph of the Nation State? 1918 and the New International Order, in: Ute Planert and James Retallack (Hg.), Decades of Reconstruction. Postwar Societies, State-Building, and International Relations from the Seven Years' War to the Cold War, Cambridge 2017, S. 330–345.

IX. «Doing peace»

1 Bernhard R. Kroener, Der «Zweiunddreißigjährige Krieg» – Kriegsende 1650. Oder: Wie lange dauerte der Dreißigjährige Krieg?, in: Wegner (Hg.), Wie Kriege enden, S. 67–91.

2 Caspar Preis, Bauernleben im Zeitalter des Dreißigjährigen Krieges. Die Stausenbacher Chronik des Caspar Preis, 1636–1667, hg. von Wilhelm A. Eckhardt und Helmut Klingelhöfer, Marburg 1998, S. 66–68; Medick, Der Dreißigjährige Krieg, S. 369–371.

3 Wolfgang Reinhard, Geschichte der Staatsgewalt. Eine vergleichende Verfassungsgeschichte Europas von den Anfängen bis zur Gegenwart, München 1999, S. 370–387.

4 Wolfrum, Krieg und Frieden, S. 39.

5 Beatrice de Graaf, Fighting Terror after Napoleon. How Europe Became Secure after 1815, Cambridge 2020; Dies., Ivo de Haan und Brian Vick (Hg.), Securing Europe after Napoleon: 1815 and the New European Security Culture. Cambridge 2019; Miroslav Šedivý, The Decline of the Congress System. Metternich, Italy and European Diplomacy, New York/NY 2020.

6 Nicolson, 14. Mai 1919, Friedensmacher, S. 320.

7 Jörn Leonhard, Erfahrungsumbruch und Formwandel der Gewalt: 1918–1921 als Globalzäsur. Kommentar und Ausblick, in: Jochen Böhler, Włodzimierz Borodziej und Joachim von Puttkamer (Hg.), Dimensionen der Gewalt. Ostmitteleuropa zwischen Weltkrieg und Bürgerkrieg 1918–1921, Berlin 2020, S. 142–151.

8 Leonhard, Der überforderte Frieden, S. 1049–1050.

9 Smuts Calls Peace Terms too Harsh, in: New York Times, 30. Juni 1919; Mulligan, Great War for Peace, S. 300–301.

10 Susan Pedersen, The Meaning of the Mandates System. An Argument, in: Geschichte und Gesellschaft 32 (2006), S. 560–582.

11 Peter Jackson, Beyond the Balance of Power. France and the Politics of National Security in the Era of the First World War, Cambridge 2014, S. 427–468.

12 Christian Tomuschat, Die Kunst Frieden zu schließen und zu sichern, in: Die Friedenswarte 74 (1999), S. 361–369; Dülffer, Frieden nach dem Zweiten Weltkrieg, S. 216.

13 Eckart Conze, Geschichte der Sicherheit. Entwicklung – Themen – Perspektiven, Göttingen 2018, S. 166–173.

14 Susan Pedersen, The Guardians. The League of Nations and the Crisis of Empire, Oxford 2015, S. 1–13.

15 Patricia Clavin, Defining Human Security. Roads to War and Peace, 1918–1945, in: Claus-Christian Szejnmann (Hg.), Rethinking History, Dictatorship and War. New Approaches and Interpretations, London 2009, S. 69–84; Patricia Clavin, Securing the World Economy. The Reinvention of the League of Nations, 1920–1946, Oxford 2013.

16 Leonhard, Der überforderte Frieden, S. 1273–1275.

17 Patrick O. Cohrs, The First «Real» Peace Settlements after the First World War. Britain, the United States and the Accords of London and Locarno, 1923–1925, in: Contemporary European History 12 (2003), S. 1–31; Ders., The Unfinished Peace after World War I. America, Britain and the Stabilisation of Europe, 1919–1932, Cambridge 2006, S. 7; Ders., The New Atlantic Order: The Transformation of International Politics, 1860–1933, Cambridge 2022.

18 Zitiert nach: Sontag, Broken World, S. 381; Sheehan, Kontinent der Gewalt, S. 150–151.

19 Zitiert nach: Carlo D'Este, Eisenhower: A Soldier's Life, New York/NY 2002, S. 250; Sheehan, Kontinent der Gewalt, S. 150–151.

20 John Maynard Keynes, The Economic Consequences of the Peace, London 1919; Matthias Peter, John Maynard Keynes und die britische Deutschlandpolitik. Machtanspruch und ökonomische Realität im Zeitalter der Weltkriege 1919–1946, München 1997, S. 29–31; Dietmar Petzina, Is Germany Prosperous? Die Reparationsfrage in der Diskussion angelsächsischer Experten zwischen 1918 und 1925, in: Christoph Buchheim, Michael Hutter und Harold James (Hg.), Zerrissene Zwischenkriegszeit. Wirtschaftshistorische Beiträge. Knut Borchard zum 65. Geburtstag, Baden-Baden 1994, S. 241–262; Jost Dülffer, Die französische Deutschlandpolitik nach dem Ersten Weltkrieg, in: Archiv für Sozialgeschichte 21 (1981), S. 593–601, hier: S. 594; Jacques Bariéty, Deutschland, Frankreich und das Europa von Versailles, in: Karl Otmar von Aretin, Jacques Bariéty und Horst Möller (Hg.), Das deutsche Problem in der neueren Geschichte, München 1997, S. 59–74, hier: S. 65–67.

21 Adam Tooze, Sintflut. Die Neuordnung der Welt 1916–1931 (engl.: 2014), München 2015, S. 365–371; Alan Sharp, The Versailles Settlement. Peacemaking After the First World War, 1919–1923, 2. Aufl. New York/NY 2008, S. 205–206.

22 Materialien, betreffend die Friedensverhandlungen in Versailles, hg. von Geschäftsstelle für die Friedensverhandlungen im Auswärtigen Amt, Teil 1–9, Berlin 1919, hier: Teil 1, S. 35–37; Peter Krüger, Versailles. Deutsche Außenpolitik

zwischen Revisionismus und Friedenssicherung, München 1986, S. 32–33; Manfred Berg, Gustav Stresemann und die Vereinigten Staaten von Amerika. Weltwirtschaftliche Verflechtung und Revisionspolitik 1907–1929, Baden-Baden 1990, S. 97.

23 Leonhard, Der überforderte Frieden, S. 817–819.

24 Alan Kramer, Versailles. Deutsche Kriegsverbrechen und das Auslieferungsbegehren der Alliierten 1919/20, in: Wolfram Wette (Hg.), Kriegsverbrechen im 20. Jahrhundert, Darmstadt 2001, S. 72–84; Walter Schwengler, Völkerrecht, Versailler Vertrag und Auslieferungsfrage. Die Strafverfolgung wegen Kriegsverbrechen als Problem des Friedensschlusses 1919/20, Stuttgart 1982.

25 Daniel Marc Segesser, The Punishment of War Crimes Committed against Prisoners of War, Deportees and Refugees during and after the First World War, in: Immigrants & Minorities 26 (2008), S. 134–156; Ders., Recht statt Rache oder Rache durch Recht? Die Ahndung von Kriegsverbrechen in der internationalen wissenschaftlichen Debatte 1872–1945, Paderborn 2010, S. 134–156.

26 Steffen Bruendel, Ideologien. Mobilmachungen und Desillusionierungen, in: Stefan Kaufmann, Niels Werber und Lars Koch (Hg.), Erster Weltkrieg. Kulturwissenschaftliches Handbuch, Stuttgart 2014, S. 280–310, hier: S. 297–298; Bruno Cabanes, The Great War and the Origins of Humanitarianism, 1918–1924, Cambridge 2014, S. 1–2 und 300; Christoph Jahr, Verbrechen, in: Markus Pöhlmann, Harald Potempa und Thomas Vogel (Hg.), Der Erste Weltkrieg 1914–1918. Der deutsche Aufmarsch in ein kriegerisches Jahrhundert, München 2014, S. 301–319, hier: S. 306–318.

27 Segesser, Recht statt Rache, S. 212–232 und 394–399.

28 Calic, Abkommen von Dayton, S. 334–336; Dominik Tolksdorf, Die EU und Bosnien-Herzegowina. Außenpolitik auf der Suche nach Kohärenz, Baden-Baden 2012; Hans-Joachim Hoppe, Das Dayton-Abkommen und die neue Führungselite in Bosnien-Hercegovina, Köln 1998.

29 Christian Tomuschat, Friedensstiftung durch Wahrheitskommissionen. Vermittlung ex post?, in: Althoff (Hg.), Frieden stiften, S. 262–277.

30 John Nelson, Social Memory as Ritual Practice. Commemorating Spirits of the Military Dead at Yasukuni Shinto Shrine. in: Journal of Asian Studies 62/2 (2003), S. 445–467; Mark Mullins, How Yasukuni Shrine Survived the Occupation, in: Monumenta Nipponica 65/1 (2010), S. 89–136.

31 Jörg Fisch, Der Friedensschluss und die Kriegsschuld, in: Wegner (Hg.),Wie Kriege enden, S. 309–326.

X. Paradoxe Enden

1 Lothar Gall, Hardenberg. Der Reformer und Staatsmann, München 2016, S. 106–158.

2 Karl Freiherr von Hardenberg, Über die Reorganisation des Preußischen Staats,

verfaßt auf höchsten Befehl Sr. Majestät des Königs, Riga, 12. September 1807, in: Georg Winter, Die Reorganisation des Preußischen Staates unter Stein und Hardenberg, 1. Teil: Allgemeine Behördenreform, Bd. 1, Leipzig 1931, S. 302–363, hier: S. 305–307; Jörn Leonhard, Über Revolutionen, in: Journal of Modern European History 11/2 (2013), S. 170–186.

3 Denkwürdigkeiten des Staatskanzlers Fürsten von Hardenberg bis zum Jahre 1806. Eigenhändige Memoiren des Staatskanzlers Fürsten von Hardenberg. Denkwürdigkeiten des Staatskanzlers Fürsten von Hardenberg vom Jahre 1806 bis zum Jahre 1813. Mit einer Denkschrift Hardenberg's über die Reorganisation des preußischen Staates vom Jahre 1807. Aktenstücke zu den Denkwürdigkeiten des Fürsten von Hardenberg, hg. von Leopold von Ranke, 5 Bde., Leipzig 1877, hier: Bd. 4, S. 115, Anm. 2; Ingo Hermann, Hardenberg. Der Reformkanzler, Berlin 2003, S. 248.

4 Horst Carl, Hans-Henning Kortüm, Dieter Langewiesche und Friedrich Lenger, Krieg und Kriegsniederlage – Historische Erfahrung und Erinnerung, in: Dies. (Hg.), Kriegsniederlagen. Erfahrungen und Erinnerungen, Berlin 2004, S. 1–11, hier: S. 2–3.

5 Paul Lenvai, Die Ungarn. Ein Jahrtausend Sieger in Niederlagen, München 1999; Carl, Kortüm, Langewiesche und Lenger, Krieg und Kriegsniederlage, S. 4.

6 Leonhard, Der überforderte Frieden, S. 1267–1269.

7 Reinhart Koselleck, Erfahrungswandel und Methodenwechsel. Eine historisch-anthropologische Skizze, in: Ders., Zeitschichten. Studien zur Historik, Frankfurt/M. 2000, S. 27–77, hier: S. 68; Wolfgang Schivelbusch, Die Kultur der Niederlage. Der amerikanische Süden 1865, Frankreich 1871, Deutschland 1918, Frankfurt/M. 2007; Siegfried Weichlein, Die Verlierer der Geschichte. Zu einem Theorem Carl Schmitts, in: Christian Giordano, François Ruegg und Jean-Luc Patry (Hg.), Trugschlüsse und Umdeutungen. Multidisziplinäre Betrachtungen unbehaglicher Praktiken, Münster 2009, S. 147–165.

8 Anton Schindling, War ‹1648› eine katholische Niederlage?, in: Carl, Kortüm, Langewiesche und Lenger (Hg.), Kriegsniederlagen, S. 257–278, hier: S. 274–275.

9 Lothar Höbelt, Königgrätz und der Ausgleich mit Ungarn. Kehrtwende oder Katalysator, in: Winfried Heinemann, Lothar Höbelt und Ulrich Lappenküper (Hg.), Der preussisch-österreichische Krieg 1866, Paderborn 2018, S. 333–350.

10 Leonhard, Bellizismus und Nation, 558–571.

11 Philippe Burrin, Vichy. Die Anti-Republik, in: Pierre Nora (Hg.), Erinnerungsorte Frankreichs, München 2005, S. 134–156, hier: S. 146.

12 Leonhard, Der überforderte Frieden, S. 1267–1269.

13 Martin Schulze Wessel, Gewinner und Verlierer, in: Geschichte für Heute. Zeitschrift für historisch-politische Bildung 7 (2014), S. 5–10.

14 Francis Stevenson, Lloyd George. A Diary, hg. von Alan John Percivale Taylor,

London 1971, S. 181–182; Maurice P. Hankey, The Supreme Control at the Paris Peace Conference 1919. A Commentary, London 1963, S. 124–126; Steller, Diplomatie von Angesicht zu Angesicht, S. 460; Leonhard, Der überforderte Frieden, S. 827–828.

15 Ebd., S. 1155–1162.

16 Rede Clemenceaus vor dem Senat, Oktober 1919, zitiert nach: Georges Bonnefous, L'Après-guerre. Historie de la Troisième République, Bd. 3, Paris 1959, S. 58; Mary Louise Roberts, Civilization Without Sexes. Reconstructing Gender in Postwar France, 1917–1927, Chicago/IL 1990, S. 90; Leonhard, Der überforderte Frieden, S. 386.

17 Ebd., S. 404–405.

18 Tomáš G. Masaryk, Das neue Europa. Der slavische Standpunkt (tschech.: 1920, dt.: 1922), Berlin 1991, S. 45; Jörg Fisch, Das Selbstbestimmungsrecht der Völker. Die Domestizierung einer Illusion, München 2010, S. 144–182.

19 Carl von Ossietzky, Deutschland ist …, in: Die Weltbühne 7 (1928), S. 689–691; Karl-Egon Lönne (Hg.), Die Weimarer Republik 1918–1933, Darmstadt 2002, S. 306–308; Leonhard, Der überforderte Frieden, S. 1252–1253.

20 Dieter Langewiesche, Der «deutsche Sonderweg». Defizitgeschichte als geschichtspolitische Zukunftskonstruktion nach dem Ersten und Zweiten Weltkrieg, in: Carl, Kortüm, Langewiesche und Lenger (Hg.), Kriegsniederlagen, S. 57–65, hier: S. 64–65.

21 Wolfrum, Krieg und Frieden, S. 125–126; Michael Th. Greven und Oliver von Wrochem (Hg.), Der Krieg in der Nachkriegszeit. Der Zweite Weltkrieg in Politik und Gesellschaft der Bundesrepublik, Opladen 2000.

22 Martin Schulze Wessel, Der Fluch des Imperiums. Die Ukraine, Polen und der Irrweg der russischen Geschichte, München 2023, S. 293–304.

23 George Santayana, The Life of Reason: Or the Phases of Human Progress, 5 Bde., New York 1905–1906, hier: Bd. 1: Reason in Common Sense, S. 284.

24 Alexis de Tocqueville, Erinnerungen, Stuttgart 1954, S. 77–78; Henning Ritter, Notizhefte, 4. Aufl. Berlin 2010, S. 135.

25 Reinhart Koselleck, Wiederholungsstrukturen in Sprache und Geschichte, in: Saeculum: Jahrbuch für Universalgeschichte 57/1 (2006), S. 1–15.

26 Hirschhausen und Leonhard, Empires, S. 612–614; Ders., Das Gespenst des Imperialen.